中小企业管理升级丛书

U1015263

集团管控模型与企业实践

GROUP ENTERPRISE MANAGEMENT MODEL AND ENTERPRISE PRACTICE

Management Tools and Case Studies

堪振华　高丽敏◎著

管理工具与案例分析

中国经济出版社
CHINA ECONOMIC PUBLISHING HOUSE
·北京·

图书在版编目（CIP）数据

集团管控模型与企业实践：管理工具与案例分析/堪振华，高丽敏著．
—北京：中国经济出版社，2019.7
ISBN 978－7－5136－5396－1
Ⅰ.①集… Ⅱ.①堪… ②高… Ⅲ.①企业集团—企业管理—研究—中国
Ⅳ.①F279.244

中国版本图书馆 CIP 数据核字（2018）第 233280 号

责任编辑　郭国玺
责任印制　马小宾
封面设计　任燕飞工作室

出版发行　中国经济出版社
印 刷 者　北京柏力行彩印有限公司
经 销 者　各地新华书店
开　　本　710mm×1000mm　1/16
印　　张　12.5
字　　数　180 千字
版　　次　2019 年 7 月第 1 版
印　　次　2019 年 7 月第 1 次
定　　价　58.00 元
广告经营许可证　京西工商广字第 8179 号

中国经济出版社 **网址** www.economyph.com **社址** 北京市西城区百万庄北街 3 号 **邮编** 100037

目录

Contents

第一章

一大趋势：企业集团越来越需要管控

第一节　企业发展趋势

一、企业生命周期理论

企业和人一样，会面临着“生、老、病、死”，会经历“创业、发展、成长、成熟、衰退”等几个阶段，这就是企业生命周期。

具体见图 1－1：

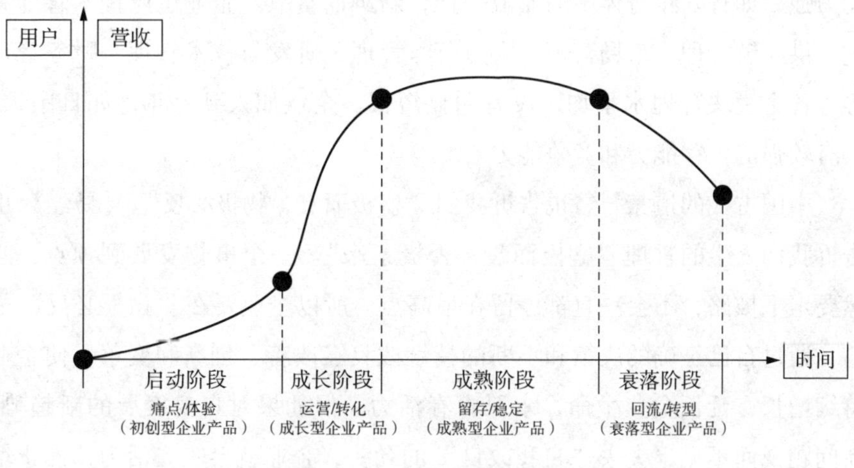

图 1－1　企业生命周期图

在人的不同发展阶段，会遇到不同的问题：出生、上学、就业、结婚、生子、退休、养老、疾病、死亡。家长和孩子本人要根据不同阶段、不同问题，找到相应的解决方案：比如，家长如何管孩子，孩子如何社交，孩子如何培养自我管控、自我改善、自我学习的习惯，如何工作，如何结婚，如何处理夫妻矛盾，如何生子，如何教育孩子，等等。

研究企业生命周期的目的也是如此。处在不同生命周期的企业，特点不一样，问题不一样，但是总能归纳出与其发展阶段、企业特点相匹配的管理模式。企业生命周期理论有助于企业认清自身所处的发展阶段，根据管理规律的共性，借鉴近似的管理案例、管理方法和管理模式，实现企业自身的可持续发展。

二、持续创新，企业生命周期的延长

任何企业都想成为百年老店，但要想成为百年老店，就必须在企业生命周期各个阶段，持续创新。企业没有意识到危机，不能在危机中创新，要想成为百年老店，只能是天方夜谭。

根据企业生命周期理论，企业到了成熟阶段，如人到中年，各项生命体征都是人生中最好的黄金岁月。企业的现金流充沛，创造经营性现金流能力强，如青壮年身体中的血液一样，新鲜而富氧。企业生产技术管理先进，供应链管理、市场营销、人力资源管理、研发与技术管理、财务管理等等各个模块管理水平均，没有明显短板。企业如人到盛年，如日中天，具有较强的生存能力和竞争能力。

中国古代的道家智慧也告诉我们“盛极而衰，物极必反”。《易经》也告诉我们人生的哲理“盛极而衰，否极泰来”。一个事物发展到顶点，必然要走下坡路，不会一直都停留在最高点。所以企业要在“物极必反”之前，通过自己正确的决策和不断的持续改良、改善、创新和变革，使企业持续增长，延长企业生命，永葆青春活力。但如果对自身发展的新趋势、新问题视而不见，失去“自我改良”的劲头，企业就会丧失活力，停止增长，走向官僚化和衰退，甚至死亡。

通过企业生命周期和持续创新理论，我们可以看出来，企业时时刻刻在面临着新问题，必须采用“权变理论、因地制宜、居安思危、持续改善”。

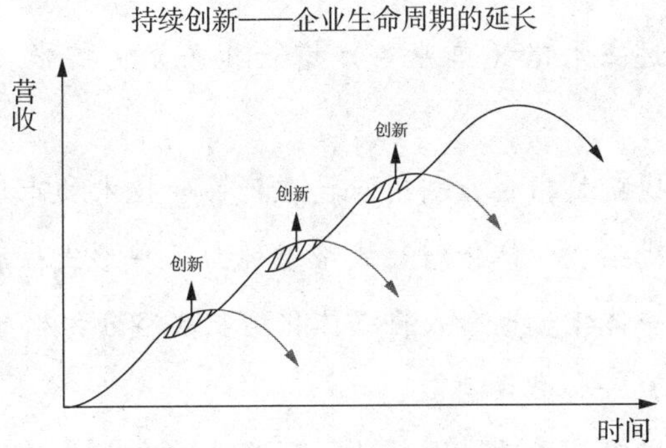

图1-2 企业生命周期延长图

在进入经济全球化之后，随着互联网的发展，地球变得越来越平，已经成为一个村，成了“同一个世界，同一个市场”。企业管理必须站在全球化的角度，来看待企业现在及未来变化的新趋势。

三、企业未来发展新趋势和新问题

（一）规模化：企业规模越来越大，单体公司发展为企业集团

随着企业发展、规模扩大和产业链延伸，许多单体公司通过纵向一体化或横向一体化发展，逐步成长为集团公司或企业集团。

根据百度百科的定义：“企业集团是现代企业的高级组织形式，是以一个或多个实力强大、具有投资中心功能的大型企业为核心，以若干个在资产、资本、技术上有密切联系的企业、单位为外围层，通过产权安排、人事控制、商务协作等纽带，所形成的一个稳定的多层次经济组织。企业集团的整体权益主要是通过明确的产权关系和集团内部契约关系来维系。”

管理工具

横向一体化和纵向一体化

企业可以通过一元化（单业务）增长和多元化扩张实现企业跨越式发展。

一体化增长战略是指企业利用自己在产品、技术和市场上的优势，向企业外部扩展的战略。一体化增长战略表现为三种形式：后向一体化，前向一体化，水平一体化。也有人将一体化增长战略分为横向（水平）一体化和纵向（垂直）一体化两类。

横向一体化战略是指通过同行业、同产业内企业兼并、重组及联合等做法，使企业成功实现一体化增长。随着规模扩大，企业能大幅降低生产成本、营销费用、研发费用、采购成本、人工成本等各项成本和费用。横向联合的两个企业优势互补，能够提高企业竞争优势，从而巩固企业在市场竞争中的地位。

许多企业都走过一条“横向一体化”的兼并之路。

2004 年，联想集团成功上演“蛇吞象”，以 12.5 亿美元收购 IBM 个人电脑业务。联想集团首次进入世界 500 强，全球 PC 市场占有率排名第三；

2014 年，联想集团以 23 亿美元收购 IBM 低端服务器业务；

2015 年春节，联想集团以 29 亿美元收购美国摩托罗拉公司；

2015 年，联想集团与日本 NEC 公司共同宣布成立合资公司，联想占 51% 股份；

2017 年 11 月，联想集团收购日本富士通公司个人电脑业务 51% 股份。收购完成后，联想在日本个人电脑市场占有 40% 份额。

纵向一体化战略是指沿着产业链上游（原材料供应）方向或产业链下游（销售）方向，企业通过自建、兼并、重组及联合等方式，获得快速增长。通过纵向一体化的发展，企业加强了对原材料供应、核心零部件、关键技术、生产制造、市场营销等全过程的控制，增加了企业的市场竞争力，从而增加各个业务活动的利润。

1980 年，碧桂园创始人杨国强成为建筑包工头。1989 年，杨国强成为北滘建筑工程公司的法定代表人兼经理。1992 年，碧桂园从建筑业开始进入房地产行业，开发集团第一个楼盘——顺德碧桂园。

1995 年 8 月，微软公司凭借 Windows 操作系统的市场地位，绑定操作系统，推出 IE（Internet Explorer）1.0 浏览器。

2009 年，中国最大的汽车零部件企业潍柴动力开始进入汽车整车制造行业。2013 年，潍柴（重庆）嘉川汽车生产基地在江津区双福新区奠基，标志着潍柴动力经过近 4 年的准备终于进入整车制造领域。

2009 年 3 月，吉利汽车收购全球第二大自动变速器公司——澳大利亚自动变速器公司。

2006 年，360 安全卫士正式推出“绿色软件”下载平台。2007 年，360 安全卫士发布其兄弟软件——360 保险箱。2009 年，360 安全中心推出 360 安全浏览器 3.0 版。2012 年，360 推出了专门为儿童打造的互联网软件平台 360 安全桌面儿童模式，为儿童及其父母提供近万款应用。

案例分析

厉害了，我的吉利

2006 年，吉利宣布收购英国锰铜控股 19.97% 股份，开启了吉利的国际化收购之路；

2009 年，吉利成功收购了澳大利亚自动变速器公司（DSI），填补自身在大扭矩变速箱技术上的不足；

2010 年 3 月 29 日，吉利 18 亿美元收购沃尔沃轿车公司 100% 股权以及相关资产（包括知识产权）；

2013 年，吉利控股收购英国锰铜控股所持有的伦敦出租车公司的股份；

2017 年 5 月 24 日，吉利控股集团收购马来西亚 DRB－HICOM 集团旗下宝腾汽车 49.9% 股份和豪华跑车品牌路特斯 51% 股份，成为宝腾汽车独家外资战略合作伙伴。

2017 年 12 月 27 日，吉利控股集团收购沃尔沃集团（AB Volvo）8847 万股的 A 股股票和 7877 万股的 B 股股票，拥有沃尔沃集团 8.2% 股权，成为其第一大持股股东，并拥有 15.6% 投票权。

2018 年 2 月 23 日，吉利控股集团董事长李书福以约 90 亿美元价格收购了戴姆勒（Daimler）9.69% 股份，成为奔驰母公司戴姆勒的最大股东。

（二）国际化 + 跨地域：企业集团越来越跨地域、国际化经营

随着经济全球化、一体化的发展，加上通信技术、互联网技术、交通工具普及和提速，世界各国正愈来愈深地融入经济全球化浪潮。根据前瞻数据库资料，近十几年来，全球跨国公司数量与日俱增。具体详见表 1－1：

表 1－1　全球跨国企业数量表

年度	全球跨国企业数量
1993 年	37000
2002 年	64000
2004 年	70000
2006 年	78000
2008 年	82000

资料来源：前瞻数据库（https：//d. qianzhan. com）

改革开放后，越来越多的中国企业也走出国门。2001 年 12 月 11 日，中国正式加入 WTO，使中国更全面地融入全球经济一体化大潮之中。

由对外经贸大学国际经济贸易学院卢进勇等主编的《中国跨国公司发展报告（2015）》指出，自 1978 年对外开放以来，中国跨国经营力度不断加大。1979 年中国批准的境外非金融企业仅为 4 家，1992 年增长到 355 家，到 2014 年则增长至 6182 家；中国境外直接投资额在 2014 年也达到了 1072 亿美元；另据网络数据，中国也是从 2014 年开始，成为对外投资的净输出国。

（三）多层级：企业集团管控层级越来越复杂

按照管理学的定义，管理层次是指企业的最高领导人到最基层员工之

间的管理职位的层级数。参照类似概念，我们定义管控层级的内涵：它是指从控股集团公司到二级集团，再到子（分）公司、孙公司之间的管控关系，具体因素包括三（多）级集团公司组织体系下，各层级之间的权力制衡关系；也包括各自层级内相应的股东会、董事会、监事会、经营层（决策层+管理层+经营层+监督层）四者之间的权力制衡关系。

（四）多元化：企业集团越来越多元化经营

多元化经营是指企业集团在运营过程中，充分利用各种内部和外部资源，在多个不同产业领域进行投资。根据多元化业务的关联性，多元化又可分为相关多元化和非相关多元化。

国际上，一般使用赫芬达尔指数（HI）衡量工业市场集中程度或者企业多元化经营的情况。HI 越接近 1，说明企业经营集中度越高，越单一化经营；HI 越接近 0，说明企业多元化程度越高，越呈现多元化经营的状态。根据《证券时报》数据部统计显示，在对中国 1546 家上市公司统计数据发现：2011 年中期，HI 均值 0.7626，较 2010 中期均值 0.7729 略有下降，说明上市公司已经学会主动通过多元化经营，来分散、规避经营风险或攫取更高利润。

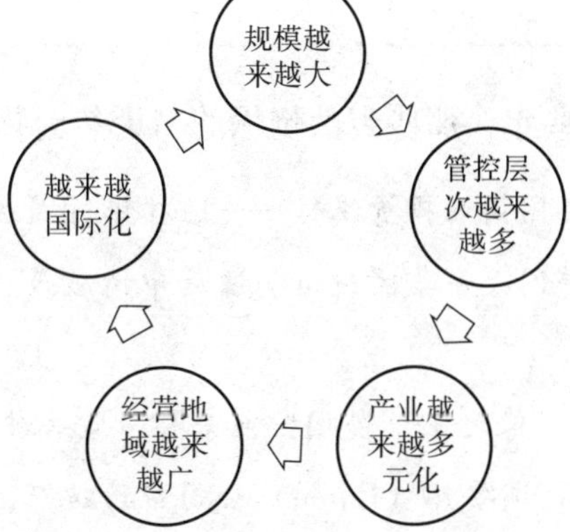

图 1－3　企业集团未来发展趋势

多元化经营有两个目的：一是不把鸡蛋放在一个篮子里，规避更多的经营风险；二是希望参与多产业经营，通过规模经济或者范围经济，获取更多的经营利润。不管是哪一种经营目的，也不论是相关多元化还是非相关多元化，企业集团由单一产业向多元化产业转变，都会大大增加企业集团的管控难度；如果非相关多元化，管控难度更大。

根据企业生命周期理论和持续创新理论，面对现在和未来的发展趋势，企业集团必须适时、时时调整自身的管控模式，重新整合企业各项不同元素，提升企业集团的整体作战能力，实现企业集团战略目标。企业管控的作用就像金刚石和石墨一样，都是同样的碳元素，但由于碳原子排列方式不同，造成金刚石和石墨两种截然不同的物理和化学性质。

第二节　企业集团越大就一定越强吗

通过第一节的分析，我们可以看出来，企业集团规模越来越大，管控层次越来越复杂，发展越来越国际化、跨地域和多元化。企业集团越来越像恐龙，成为庞然大物。但有一个问题就摆在企业面前：企业集团，真的是越大就一定越强吗？

案例分析

这些年，那些轰然倒塌的“庞然大物”

1995 年 2 月，英国商业投资银行——巴林银行因经营失误而倒闭；

1999 年 8 月，韩国大宇集团被迫向法庭申请破产，成为韩国历史上最大的商业破产案；

2001 年，“即时成像之王”美国宝丽来公司宣告破产；

2001 年 12 月，美国安然（Enron）公司申请破产，创下了美国历史上规模最大的企业破产记录；

2002 年 1 月，全美第二大折扣零售商 Kmart 集团申请破产保护，创美国历史上规模最大的零售商破产案；

2002 年 1 月，债务累累的美国通讯运营商 Global Crossing 公司递交了破产保护申请；

2002 年 5 月，欧洲最大的互联网资讯公司 KPN Qwest 正式宣布破产；

2002 年 6 月，全球五大会计师事务所之一安达信公司宣告倒闭，安达信的倒闭缘起美国企业巨子安然公司的破产案；

2002 年 7 月，美国世界通信公司（WorldCom）因会计丑闻事件破产；

2008 年 9 月，曾经华尔街第四大投资公司雷曼兄弟申请破产保护；

2009 年 1 月，北电网路同时在美国和加拿大申请破产保护；

2011 年 8 月，谷歌公司收购摩托罗拉移动，耗资约 125 亿美元；

2011 年 12 月，瑞典汽车制造商萨博汽车正式向维纳什堡地方法院递交破产申请；

2012 年 1 月，柯达公司向纽约一家破产法院提交破产保护申请；

2013 年 9 月，微软收购诺基亚旗下的大部分手机业务和专利；

2017 年 3 月，美国核电巨头西屋电气（WH）正式启动破产重组程序；

……

近十几年来，上面的这些巨无霸集团纷纷倒下，风光不再。他们可不是业绩平平的一般公司，而是世界 500 强企业。列夫·托尔斯泰在《安娜·卡列尼娜》曾经说过："幸福的家庭都是相似的，不幸的家庭各有各的不幸。"看这些倒下去的巨无霸，我们可以说"成功者总是相似的，失败者却各有各的不同"。这些企业的死因五花八门，深入分析可以大致归纳为：金融危机、资产负债率太高、不良资产比例过大、市场变化、虚假财务报表、会计丑闻、恶性扩张、管控不力、管理失误、经营模式不规范，等等。但无论什么原因，都说明一个道理：越大，不一定就越强。

在中国，改革开放四十年，看中国大企业的荣辱兴衰，更是风起云涌，波澜壮阔，你方唱罢我登场，好不热闹。1997 年，清华经管学院著名教授、经济学家魏杰先生曾经做过预测："这是一个大浪淘沙的阶段，非常痛苦，我估计再过 10 年，现在的民营企业 200 个中间有一个保留下来就不简单，垮台的垮台，成长的成长。"当时许多人认为魏杰教授"唯恐天下不乱，骇人听闻”或“杞人忧天，不以为然”。但20年过去，回头望，只能对魏先生双手高举大拇指，称赞他“高！实在是高!!”

2001年1月，吴晓波先生的力作《大败局》（Ⅰ）由浙江人民出版社出版。2007年，吴先生《大败局》（Ⅱ）出版。这两本书是记录中国改革开放企业史的里程碑。在书中，作者分析了托普、中科创业、三九、华晨、健力宝、德隆、科龙、秦池、巨人、爱多、玫瑰园、沈阳飞龙、三株、太阳神、亚细亚、瀛海威、南德等一系列失败的案例。时间久远，有一些企业的名字已经被人淡淡遗忘。但在当时，这些企业确实都是“久闻大名，如雷贯耳。”

除了上面这些企业，我们还可以列举出其他一些公司的失败案例：

1995年，原中国第一大券商万国证券在“327国债期货事件”中破产。

1998年，广州标致经营不善，宣告破产。

1998年，全国性股份制商业银行海南发展银行破产倒闭。

1998年，深圳君安证券宣告破产，被上海国泰证券收购。

2004年，南方证券因严重违法违规经营，管理混乱被行政接管；2006年6月6日，中国证监会批复同意南方证券破产还债；2006年8月，深圳市中级人民法院宣告：因资不抵债，南方证券破产还债；这是迄今为止中国最大的证券公司破产案。

2005年，华夏证券的证券许可业务被中国证监会撤销，并委托信达资产管理公司成立清算组；2008年4月，中国证监会同意华夏证券申请破产。

2009年，石家庄三鹿集团股份有限公司破产。

2011年，太子奶集团破产重整。

2013年，无锡尚德集团宣布破产重组，曾经的国内首富施正荣离开尚德。

2014年，曾经中国第二大民营钢铁集团海鑫钢铁正式向政府申请破产重整。

2017 年 8 月，山东齐星集团正式破产重整。

2018 年 2 月 23 日起，中国保监会对安邦集团实施接管，接管期限一年。

……

除了安邦保险，这些公司均没有世界 500 强的体量和规模，但是在鼎盛时期，也都属于国内行业中的楚翘，即使不是恐龙，也能算大象。除了上述经过破产法律程序的企业，还有许多巨无霸公司经营萎缩，虽没有轰然倒下，但也日渐消亡。

在安邦被中国保监会托管之后，有人用清代孔尚任的《桃花扇》中的名言评价道："眼看他起朱楼，眼看他宴宾客，眼看他楼塌了。"更有甚者，引用《左传》"其兴也勃焉，其亡也忽焉"来点评安邦集团的"异军突起又黯然倒地"。可见企业集团：越大，不一定就越强。

管理工具

集团公司管控

从集团和子公司的关注的利益价值来看，二者所关心的重点完全不同。集团和子公司其实存在着一定的离心力，越是经济下行，整体经济环境越不景气，越需要加强集团管控。

	集团公司	子公司
关注的重要因素	长期利益；	短期利益；
	子公司资产的保值增值；	子公司企业自身的经营收益；
	子公司未来潜在收益；	子公司产品的市场竞争地位；
	子公司与集团公司的战略协同；	子公司自身核心竞争力形成；
	优势互补效益、资源整合效益	子公司企业利益相关者的满意度等

案例分析

A 旅游集团——盲目铺摊子和上项目造成重大损失

2015 年 10 月，中央第十巡视组向国有旅游集团公司 A 反馈专项巡视情况，内容包括：

1. “一岗双责”不落实

领导班子成员“一岗双责”不落实，对违纪问题大事化小、小事化了；

2. 政治观念淡薄

政治观念淡薄，不遵守政治规矩和组织纪律问题，群众对选人、用人问题有意见；

3. 违反中央八项规定

违反中央八项规定，公款打高尔夫球、超标购置公车、出国考察超标住宿；

4. 盲目投资

投资决策不科学，盲目铺摊子、上项目，造成重大损失；

5. 执行招投标制度不严格

执行“三重一大”和招投标制度不严格，存在利益输送；

6. 财务管控不力

财务管理混乱，违规违纪问题频发；

7. 基层管控不力

基层管控不力，腐败问题严重。

第三节　企业集团化面临四大管理问题

成为企业集团或者集团公司之后，企业面临着越来越复杂的问题，可以总结归纳为四大类：集团治理结构不清、集团战略规划不协同、集团管控体系不系统和企业文化建设不统一。

第一，集团治理结构不清。因为集团已经成为庞然大物，控股、持股关系复杂，就会带来对自身认识不清，管控当然也就容易不到位。

第二，战略规划不协同。集团公司如果没有一套高度统一的战略规划

（或有，但执行不到位），集团公司—子集团—子公司之间就不能战略协同，相互支撑。

第三，管控体系不系统。管控体系建设不系统，执行大打折扣。

第四，集团文化不统一。母子公司之间的文化不能高度协调、统一。很多时候，企业文化是“各吹各的号，各唱各的调”。

一、“我是谁”——认识不清

集团目前到底是企业集团还是集团公司，对于治理模式、架构模式、管控框架、管控流程和制度的设计有着重要影响。若要设计管控体系，集团首先要做的是认清自身的定位，搞明白“我是谁”。如果连“我是谁”都搞不清楚，就更不用谈如何集团管控了。

要想看清“我是谁”，就要理清集团内所有企业的股权、产权或者委托代理关系。在中国，集团内企业股权、产权、委托代理关系相当复杂，产生原因更是多种多样、五花八门。比如：有的为了国有资产整合做大做强，国有资产（股权）无偿划拨，“拉郎配”组成集团；有的是为了增加公司控制，设计“同股不同权——AB 股制”“一致行动人”等；有的是为了增加股权控制，让创始人或其名下公司担任 GP，控制整个有限合伙，然后通过有限合伙持有、控制公司的部分股权；有的公司采取“新浪模式”在境外上市：成立境外公司，向国内投资外资公司，国内的外资公司采用合同绑定内资公司所有权益，境外公司最终获得海外上市，国内公司变相上市；有的是为了避税，又成立了多个子公司；有的是“先有儿子，后有老子”。儿子大了、多了，成立母集团；有的是“业务层面，老子和儿子做同一类业务”，老子既是集团公司，履行集团公司管控职责，又履行子公司的业务职责；等等。

所以，我们要想管控好集团，首先就要弄清我们自己“我是谁，是企业集团还是集团公司，还是两者的混合？那么，企业集团和集团公司有什么联系，又有什么区别？我们先看两个通俗的解释，未必绝对准确，但是能够大致说明两者的区别和联系。

第一个通俗解释，企业集团像一支航空母舰战斗群，它以航空母舰为首的作战编队，包括导弹巡洋舰、导弹驱逐舰、护卫舰、潜艇、补给舰等。在合作分工方面，航母执行任务，而其他舰艇负责保护航母。如果把企业集团比作航空母舰战斗群，那么集团公司更像是一艘航空母舰，包括航母甲板、弹射器、舰载机、雷达、发动机、拦机索、中型预警机等。这些设备相互配合协调，构成武器平台系统、弹射系统、电磁着舰系统、航空保障系统、通信系统、动力系统、电力系统等。

再换一种通俗的说法，企业集团就像邦联制或者联邦制。更准确地讲，企业集团更像是联邦制，而集团公司更像单一制。联邦制是由若干成员单位（共和国、州、邦等）组成的联盟国家，而单一制是由若干行政区域构成的单一主权国家。

按照管理学的定义，企业集团的本质特征是：一个以资本产权为主要联结纽带，多个企业组成的法人企业联合体。企业集团本身一般不具有独立的法人资格，实质上是一个将产品、技术、经济、业务等经营合作的联合体。

集团公司的本质特征是一种以母子公司关系为基础的垂直型组织体制。集团公司本身具有独立的法人资格，采取法人产权制度形式组成的有限公司或股份有限公司。集团公司是企业集团的核心企业，通常就是母公司，具有独立、有限的民事责任能力。

集团管理并不是理论研究，不可能、也没有必要完全按照上面的字眼含义来做严格、教条的区分。在实际中，也存在企业集团和集团公司的混合物。企业集团可以包含集团公司，但并非所有集团公司都要成立企业集团。

管理工具

企业集团 VS 集团公司

企业集团与集团公司有以下区别：

	企业集团	集团公司
本质特征	以资本产权为主要联结纽带，多个企业组成的法人企业联合体；	以母子公司关系为基础的垂直型组织体制；
法人资格	不具有独立的法人资格；	具有独立的法人资格；
法律地位	许多平等的法人组成的联合体，联合体将来很可能受合伙企业法调整；	母子从属关系的法人企业，集团公司及母子公司关系应该受公司法调整；
产权关系	产权关系上边界比较模糊；	产权关系上比较清晰；
注册方式	必须批准和登记；	需要履行公司法人登记手续；
组织机构	集团章程（集团成员协商一致）决定；	必须在符合公司法规定的条件下，由公司章程决定（需经股东会讨论通过）；
管理的原则和依据	统一管理的原则是经成员企业讨论通过的章程决定；	自身的经营与运作要符合公司法和其他有关法律规定；
责任和财务制度	不是独立的纳税主体，但要编制合并会计报表。集团的法律后果由集团成员企业负连带责任（集团章程另有约定的除外）	与其他成员企业一样，独立开展经营活动，是独立的纳税主体。它对其他成员企业除另有约定外，不承担债务责任

案例分析

你们到底有多少家下属公司？①

“我在地方工作的时候问过一家国企的董事长：你们到底有多少家下属公司？他一开始回答80多家，第二次说100多家，结果我们的工作组下去摸底，发现竟有200多家！”李克强总理说，“连董事长自己都说不清楚自己的企业到底有多少家子公司、孙子公司，这怎么能提高企业管理效率、增强竞争力呢?”

有关部门负责人汇报时介绍，目前有34家央企的管理层级超过5级，最多的甚至达到了9级。“这些重重叠叠的子公司、孙子公司、重孙子公司，可能连股权都搞不清楚，因此必须下决心解决清理！”总理挥动着拳头说。

会议决定：在全面清理的基础上，2016年选择一批中央企业，启动压

① 王念兹．李克强为央企“瘦身健体”列出时间表[EB/OL]．中国政府网，2016－05－19. www. gov. cn/xinwen/2016－05/19/content_5074853. htm.

缩管理层级和压减法人层级、法人单位试点，力争用三年时间使多数中央企业管理层级压缩到3－4级以内，法人单位减少20%左右。

二、“我要到哪里去”——方向不明

解决了“我是谁”，下一步就是解决“我要到哪里去?”的问题。对于集团来说，战略就是解决“我要到哪里去”的问题。

从管理理论上来讲，集团战略体系按照层次可分为集团整体战略、集团总部战略、子公司及下属业务单元战略。集团战略的制定首先要做好集团整体战略规划，做好“集团未来向何处去”的顶层设计，整合集团各项产业，产生“1+1>2”效应。有了集团层面的核心战略，确定了大方向，下一步就是逐步细化二级子战略。所有子战略要服从、服务于集团整体战略。

“理论很丰满，现实很骨感”，集团面临的国内外市场环境变化风云莫测，集团情况五花八门，同一家集团内部二级事业部（子公司）的情况千差万别，子公司涉及的产业规模大小不一，又涉及多元产业等等原因，集团公司的战略规划、定位、描述模糊，执行效果也就大打折扣。

在错综复杂的情形下，如何规划集团战略？越复杂的问题，解决问题的方法就越简单。那就是溯本清源，一切从集团的“使命、愿景和价值观”开始。

许多企业认为“使命、愿景和价值观”这个话题很大、很虚，摸不到头脑。实际上，“使命、愿景和价值观”却是企业“最基本、最本质、最核心”的问题。我们先来看一下使命、愿景和价值观的定义。

使命，就是解答“企业为什么活着?”“企业想要什么，不要什么”的问题。它回答了企业活着的意义。例如，迪士尼的使命是“Make People Happy”，所以，无论多么复杂局面，迪士尼的集团战略、二级战略、三级战略的出发点和归宿都是围绕“为人们制造快乐”，都要为了完成这个使命。

愿景，就是在可以预见的将来，可以是五年、十年、甚至二十年，

“企业希望长成什么样子”，属于企业的阶段性目标。如果使命是企业最高理想，告诉我们“为什么活着”，愿景就是企业的五年规划、十年规划，告诉我们“未来，企业会活成什么样”。企业未来会“活成什么样子”一定服从企业使命的需要。在企业使命、愿景指引下，集团的战略规划首先要思考：若干年后，集团各层面、各产业事业部等要“活成什么样子”。

案例分析

阿里巴巴的使命、愿景与战略目标

阿里巴巴使命升级：1999 年成立的第一天，阿里巴巴的使命定位“让天下没有难做的生意”。到 2010 年，阿里巴巴集团使命变成“促进‘开放、透明、分享、责任’的新商业文明”。

阿里巴巴愿景变迁：为了完成这个使命，阿里巴巴不同时期，根据不同的情况，适时权变地调整企业的愿景，从成为“世界十大网站”“能够存活 80 年”，到 2010 年成为“分享数据的第一平台”“幸福指数最高的企业”“存活 102 年”。

阿里巴巴战略目标迭代：2010 年，围绕着新的使命和愿景，阿里巴巴提出新的十年目标——“我们要为全世界创造 1000 万家小企业的电子商务平台”“我们要为全世界创造一亿个就业机会”“我们要为全世界 10 亿人提供消费平台”。2016 年 6 月，阿里巴巴集团为自己定下“服务全球 1000 万盈利企业和 20 亿消费者”的长期战略目标，确定了“全球化、农村、大数据和云计算”三大战略，并以此形成“电商、金融、物流、云计算、全球化、物联网和消费者媒体”七大核心业务板块。

通过上面案例，我们可以看出，阿里巴巴的“使命、愿景”并不是一成不变的。“所以，他要做 102 年企业，你不知道他要翻多少次烧饼，要完成多少次自杀。他不可能用 1999 年的战略走到 2008 年，他也不能用 2008 年的战略走到 2018 年，所以，他不可能用 2018 年的战略走到 2028 年，这就是人不断自我迭代的过程。”

阿里巴巴战略的迭代升级，是随着企业的发展变化而变化的，但始终沿着一个大方向，它的各种变体都从“让天下没有难做的生意”开始，万变不离其宗，持续更新，赋予新能。

价值观就是在企业“使命和愿景”的指挥下，规范企业成员做事的思维方式和做事方式。

企业使命为企业确立了经营的基本指导思想、原则、方向、经营哲学、价值观等，它不是企业具体的战略目标，但影响企业的决策和思维，帮助思考“什么是企业的形象定位？如何认识事业？集团如何明确产业定位与目标？如何制定经营指导思想？如何看待和评价市场、顾客、员工、伙伴和对手？”等等。集团有了上述的出发点、目的、归宿以及做事的方法，战略规划才能“拨开云雾见天日”，才能“返璞归真”。

三、“我如何才能到那里”——管控不力

集团公司管控体系本质目的是确保集团战略与分子公司运营执行无缝隙链接，即提升战略执行力。但实际情况来看，许多集团公司对于管控体系建设和执行，多是“有意识，没思考”“有想法，没行动”“有行动，不系统”，甚至是“有系统，不落地”。造成上述问题的原因主要有集团公司均面临管理层级多、命令执行链条长、战略协同效果不明显、信息传递不畅等。

集团管控不力的具体表现为：内部战略冲突造成资源损耗，核心竞争力培育受到制约，集权和分权拿捏不准，资源分配的战略导向不足，绩效考核体系的激励不足等等。

那么，如何才能建设并执行一套好的集团管控体系呢？要从四个层面来思考集团管控布局：管控层次、管控体系、管控实施和管控优化。

（一）管控层次——管什么

一般来讲，集团公司的架构至少可以分为三个层级：集团总部——事业部（子集团）——子公司（分公司），那么，集团管控就可以分为“两级管控”：一级管控是集团总部对事业部（子集团）的管控；二级管控是

事业部（子集团）对子公司（分公司）的管控。

在一级管控中，主要偏好财务管控型或者战略管控型，具体以战略管控、财务管控（包括投资管控）、产业布局、风险管控、人力资源管控、文化管控为重点；在二级管控中，偏好运营管控型，在一级管控的基础上，增加研发管控、生产管控、供应链管控、营销管控（包括品牌管控）、财务管控、人力资源管控、信息管控，等等。

（二）管控体系——怎么管

广义地讲，要想把战略执行到位，必须有一套设计良好的管控系统，包括管控体系、运营体系、监督体系、考核体系和风控体系。狭义地讲，管控体系包括五个维度（Dimension）的内容（战略规划、治理机制、组织架构、管控框架与边界、管控流程与制度）和强有力统一的企业文化（Culture）。我们把这个模型简称为“5D+1C”管控模型。在这个模型中，战略规划、治理机制、组织架构是集团管控体系的基础性构成，管控框架与边界、管控流程与制度是集团管控体系的内容性构成，企业文化是集团管控体系的环境性构成。

（三）管控实施——怎么落地

在管理经验中，我们经常说一句话：“制度再好不落实等于零，抓落实不到位等于零，布置工作不检查等于零。”其实，管控体系也是这样，许多集团公司高价请咨询公司设计了一套咨询体系，然后放进抽屉里，束之高阁。所以，管控体系是否有效，重点是抓落实。

管控体系落地是整个管控体系最重要的一个环节，可分为三个步骤：顶层设计与实施、过程控制监督、末端治理改善。

1. 顶层设计与实施

顶层设计是做好管控体系的框架和基础性内容，布局管控体系的各运营要素。按照日本精益生产的理念“产品质量首先是设计出来的”，管控体系实施质量好不好，要取决于管控体系的顶层设计。

2. 过程监督控制

过程控制监督是实现管控过程的闭环管理。管控过程控制监督包括管控过程策划、管控过程实施、管控过程监测（检查）和管控过程改善四部分，是一套标准的 PDCA 闭环。

3. 末端治理改善

末端治理改善是指提升企业基层单位的运转质量。“实践是检验真理的唯一标准”，集团管控实施的效果最终落在基层单位上，基层单位效益好了，管控体系就有效。否则，就是“理论脱离实际”的纸上谈兵、空架子。基层单位如同人的每一个细胞，细胞活跃了，人体就健康了。所以“集团管控，抓好末端、关乎全局”。

“顶层设计与实施”是“5D + 1C”管控模型中要讨论的内容；“末端治理改善”是“管控优化——持续改善”中要讨论的内容；这里，我们重点讨论“监督体系和考核体系”。

案例分析

C 公司集团管控监督体系

C 公司集团管控监督体系主要是分两层，一个是董事会层面，一个是集团运营层面。

1. 董事会层面

C 集团公司的董事长兼总裁 Y 先生出身银行系统。为了使 C 集团管控体系落地，总裁 Y 先生参照银行系统的合规管理——《银行机构的内部控制制度框架》，创造性地在 C 公司董事会下面设计了“合规审计委员会”，聘请非执行董事任委员会主任。该委员会对董事会负责，根据董事会授权，组织指导检查集团管控工作。委员会执行两部分职能：常规职能和专项职能。常规职能主要管控体系的实施情况，主要包括战略规划、治理模式和架构模式的设计、实施与持续改善。专项职能包括重大产业项目投资进展、投资审计、风险管控等情况。

2. 集团公司运营层面

在集团公司的组织架构里，设计了审计监察部，部门职责主要包括：

(1) 建立和完善集团公司督查、督办机制：包括行政常规督办体系、集团公司重点工作进展督办体系、集团公司重大决策部署督查体系，每周形成督办公报。

(2) 强化对管控体系流程与制度执行情况的监督：主要是对集团与下属子公司之间管控边界的划分、流程与制度的建设、子公司管控体系落地情况等进行督查，每月形成监督报告，提交集团公司总裁办公会。每年年底，审计监察部提供集团管控持续改善建议报告。

(3) 强化审计监督，保证资金安全：完善审计监督体系，包括财务收支审计监督、资金使用、企业一把手任期或离任审计、重要经济合同等审计、监督内容。

(4) 强化法律审核工作，做好风险管控：建立和完善对企业规章制度、经济合同和重要经营决策的法律专业化审核把关。

(5) 强化监察监督，杜绝内部腐化：以企业廉政风险点为核心，建设完善集团监察监督体系，对管辖范围内的廉洁和贪腐情况进行检查和调查，形成专项报告。

(四) 管控优化——怎么持续改善

在管控体系实施过程中，企业要特别做好过程记录和偏差分析。要定期评估集团战略实施的效果，分析内外部环境的变化，诊断存在的问题，进一步改进集团公司的文化环境、治理体系和组织架构，优化管控的框架与边界、管控的流程与制度，加强集团管控信息平台建设。最终，集团通过优化管控体系，形成更大的管控合力，更好地实现集团战略目标。

具体来讲，改善集团管控，需要回答以下几个问题：

1. 战略评估：是否适应、明确、一致、有效？管控体系是否围绕战略导向？

2. 治理模式：是否清晰、明了、有效？

3. 管控体系：框架是否明确、简洁？边界是否清晰、平衡？

4. 管控体系：流程是否足够清晰、有效？制度是否明确、可执行、易监督？

5. 管控成本：是否成本最优、效益最佳？

6. 权力分配：集权是否有道？分权是否有序？集权、分权是否适度？

7. 资源管控：是否集约使用资源？资源效益是否最大化？

8. 业务管控：是否符合产业战略？管控是否专业化？绩效考核是否满意？

9. 职能管控：是否按照流程和制度执行？是否有效？

10. 信息管控：是否信息反馈及时、有效？信息管理是否一体化？

11. 内部监督：是否母子协同？监督是否到位？

12. 持续改善：偏差分析是否准确？诊断纠偏是否及时、有效？

13. 绩效评价：是否有效激励并持续改进？

根据上述问题的答案，集团管控主管部门总结集团管控优化内容、优化方向、优化草案、组织讨论、确定方案、投入实施，然后进入下一次优化和改善循环。

四、企业文化——各自为战

企业文化是企业在长期经营过程中逐渐形成的文化环境，包括历史传统、企业精神、价值观念、文化观念、道德规范、行为准则等，其中价值观是企业文化的核心。

由于集团发展越来越规模化、国际化、跨地域、多元化和管控多层次，企业文化环境就有可能越来越不统一，容易出现集团企业文化、子公司和下属业务单元的企业文化之间的冲突。尤其当企业跨国经营时候，国外公司更容易受所在国历史、文化、风俗的影响；当企业通过兼并、重组等方式快速扩张规模时，不同的文化带来激烈的碰撞，成为集团管控的阻力。因此，当企业兼并重组时候，企业文化的整合就迫在眉睫。

企业文化的统一就像秦始皇时期文字、货币和度量衡。如果没有统一的文化，各区域民族之间根本无法统一交流，多民族之间也不可能统一。

要想推进集团管控，就必须推进高度统一的企业文化，减少不同亚文化的影响。如果集团公司没有强有力的企业文化，那么集团内部和子公司之间就没有文化凝聚，价值观也不统一，导致了企业集团的文化散乱、背离、互相冲突，集团管控运行效率必然受到掣肘，集团的优势难以体现。

为了减少管控过程中的文化阻力，为集团管控创造高度统一的文化环境，集团公司需要重新设计企业文化，进行企业文化持续升级再造。尤其是企业集团兼并、重组的时候，更需要高度整合企业文化。为了塑造高凝聚力统一的企业文化，还需要把企业文化纳入绩效考核。人力资源绩效管理中有一句话：希望员工做什么，就考核什么。希望企业文化高度统一，就要把企业文化纳入员工考核。

案例分析

阿里巴巴公司的价值观考核

一、价值观考核要求

每个管理人员都应该理解价值观的每一条具体含义；明白价值观的每一条打分标准；能够和员工讲述如何考核价值观。

二、价值观考核目的

价值观的推广是全方位的，深入到招聘、培训、人员选拔、绩效考评、文化建设活动等人力资源管理的各个领域。

价值观考核是推行价值观的有力方式，它考核的是员工在日常工作中所展现的态度、行为与六大价值观的符合程度。而价值观所期待的态度和行为是企业的DNA，是保证企业核心竞争力的重要文化基础。考核价值观的过程是全体员工对价值观的理解达成共识，激发员工对价值观真正的认可和尊重的过程，最终促使全体员工在工作当中始终如一地体现出来。

经理们对员工进行价值观考核时，必须摒弃“工具”的概念，深刻理解价值观纳入绩效考核的目的，对员工行为深入细致的观察，做出客观公正的判断，既不要放任自流，又不可吹毛求疵，以达到公司推广价值观的真正目的。价值观只有符合不符合，没有好与不好。

三、价值观考核作用

这样的考核模式，一方面是显示了阿里巴巴对价值观的重视，另一方面也在客观上帮助阿里巴巴塑造了一支价值观高度统一的团队。

四、价值观考核规则

考核实行通关制，即：大家应该首先做到较低分数的条款，然后进阶至较高级的条款。依此原则，若较低分数未能做到，则没有机会进阶，体现了更高的一个要求和优先级。

五、价值观考核内容

阿里巴巴将“六脉神剑”，即六条关键的核心价值观直接变为行为标准和导向，在每一条价值观之下都会有“不合格、合格、良好、优秀、楷模”等五个行为评价等级。比照这个评价结果，员工对自己所处的等级会有非常直观的衡量，这也是把价值观纳入考核的一种方式。

六、价值观季度考核

员工首先进行自评，并依据“1 over 1 plus HR”的原则打出季度得分；年度总分将依据员工四个季度的平均分和价值观改进趋势依据“1 over 1 plus HR”给出。

在绩效考核时，遵循“1 over 1 plus HR”的模式，即由员工的上级及上级的上级和一位HR人员，三人一同根据“六脉神剑”上行为导向的阐释，对员工的价值观进行考核。员工业务上的考核只占50%，另外50%就是针对价值观的考核。

七、价值观考核结果应用

与奖金和晋升挂钩。它把高管团队的价值观与奖金捆绑在一起，价值观得分的高低直接与奖金的高低关联。即使绩效达成了100%甚至更高，但是如果价值观不合格，当年的奖金分配资格也将自动取消。同时，必须保证连续两年的价值观考核成绩达到良好以上，才有资格参与干部选拔。这种规定出台以后，组织中的所有成员会自觉地按照公司的要求去做，会自动比对行为标准，进行自我约束。

八、价值观考核结果分类

根据价值观考核和绩效考核结果，阿里巴巴把员工分为四类。它将员工分别纳入到四个象限当中，第一象限里的人叫作野狗型，就是业绩能力很强，但是并不认同公司文化的一类人。阿里会尽量帮助他改进价值观，确定改进不了的将被淘汰；第二个象限的人是公司最为欢迎的一类，他们既认同公司价值观，也有良好的绩效表现；第三个象限中的人被称为“小白兔”。顾名思义，这类人非常顺从，但是缺乏战斗力。尽管他们认同公司的价值观，并且能够做到令行禁止，但是却往往因为能力不够而无法达成业绩要求。阿里对这类人的态度是先培养，提升不了的会将其淘汰。第四象限就是各方面都很低的人，也是必须立即淘汰的一类。所以，根据这样一些原则，阿里每年都会淘汰一批员工，保证了团队的整体战斗力。

第二章
集团管控两大本质和一大目的

第一节　关于集团管控的认知和理解

一、集团管控的定义

按照通俗的理解，企业集团化或者集团公司之后，企业规模越来越大，越来越跨地域甚至国际化发展，产业也更加多元化。企业家族越来越大，分出了母集团、子集团（事业部）和子公司（分公司），甚至孙公司、重孙公司，企业管控层级越来越多。企业越来越大，管理起来也就越来越有难度。

面对庞然大物的自己，企业集团要想把“大脑的思维信号通过神经，迅速传到脚掌部位；然后，脚神经做出反应，牵动脚部肌肉”，唯一的解决办法就是对症下药，建设高度统一的集团管控体系。

集团管控是为了完成集团战略规划，上下同欲，使集团上下之间、单元内部和单元之间能够发挥相互协同，“劲儿往一块使”，发挥集团军作用，最后产生“1 +1 >2”的协同效应。按照管理学定义，集团管控是集团公司总部对二级子集团（或者三级子公司）实施的管理控制及资源的协调分配。集团管控围绕集团战略，通过选择管控模式、设计治理机制、设置组织架构、明确管控框架和边界、细化管控流程和制度、打造统一集团文化等组织行为，来管控下属子集团的战略、经营目标、营销、品牌、供应链、生产、财务、研发、人力资源、风险等经营运作各方面的内容。

二、中国传统“大一统”文化对中国企业集团管控的影响

在中国传统思想里，“集权文化、大一统文化”绝对占据社会主流。它的核心是“国家政治上整齐划一，经济制度和思想文化上高度集中”。“大一统文化”认为，中国必然是一个统一的体系，统一是必然走势。

“集权文化”“大一统文化”在中国历史上发挥了极其重要的作用。在五千多年的历史长河，中国也成为世界四大文明古国中唯一历史延绵不断的国家，而欧洲却一直四分五裂。

这种“大一统”的思想自然也在企业集团里面有相当大的影响力。当单一企业发展成为企业集团时，二级事业部（子公司）出现，并且随着企业规模扩张，二级事业部和三级子公司（分公司）不断增多。此时，骨子里的传统“集权文化”“大一统文化”思维让企业经营者们开始对分化产生了忧虑。当忧虑越来越大时，集团也就越来越需要管控。

三、集团管控的片面认知

管控是一套完整的系统，与企业表象的庞然大物相比，集团管控也是隐形的一套庞大体系。就像人体八大系统一样，包括运动系统、神经系统、内分泌系统、血液循环系统、呼吸系统、消化系统、泌尿系统、生殖系统，其中神经系统包括中枢神经系统（脑＋脊髓）和周围神经系统（脑神经＋脊神经）两大部分。看待如此庞大的系统，如果不能抓住本质和重点，我们难免“盲人摸象”“只知其一，不知其二”。

按照管控专家秦杨勇先生的说法，在对管控本质的认识上，主要存在以下片面观点：治理论、组织模式论、预算中心论、集分权论和风险内控论等理论。

其实，上面这些论点就像盲人摸象，有人摸到了大腿，有人摸到了尾巴，有人摸到了鼻子，然后就以为自己已经掌握了世界的全部真相，其实是“以点代面，以偏概全”。

对集团管控，绝对不能只凭片面的了解或局部的经验，就乱加揣测，做出自以为全面的判断。事实上，这个判断一定是片面的。

但另一方面，与“盲人摸象”对应的就是“管中窥豹”。上面的每一个对集团管控的认知，虽然片面，但每一个理解也都是对的。因为即使只观察局部，即使不全面，也能看到一定的信息量。那么，集团管控的本质是什么呢？

第二节 集团管控的本质

集团管控的本质是什么呢？管控的目的，绝对不仅是为了“划分母子公司之间的权力”，也不仅是为了“使母子公司的组织架构设计清晰”，更不仅仅是为了“明确管控框架和边界，细化管控流程和制度”。因为这些都是集团管控的手段和方法，属于集团管控的“术”，而不是集团管控的真正目的。

那么，集团管控的本质是什么呢？集团管控的“道”到底又是什么？

集团管控的目的是集团利益最大化。集团管控绝对不是把子公司管死，否则“皮之不存，毛将焉附”？更不是把子公司管得越有序越好，因为企业存在的目的不是为了培养听话的“儿子”，而是为了让“儿子”为集团创造更大的价值，就是集团价值最大化。

说到集团利益最大化，我们自然就要想“什么是集团利益”这个问题。集团利益就是“集团想要什么？集团到哪里去？集团未来是个什么样子？”

“集团到哪里去”就是集团的战略规划，“集团未来是什么样子”就是集团的愿景。所以，集团管控的第一个本质就有了答案，就是为了实现集团的愿景和战略规划。有了统一的集团管控，在制定集团整体战略、集团总部战略、子公司和下属业务单元战略时，集团就能够上下平衡、协调、统一。集团管控也就能够紧紧围绕集团公司的战略导向。

明白了“集团到哪里去”和集团未来的样子之后，需要解决的问题就是“未来很美好，但是集团如何才能到那里?”。集团管控的第二个本质就是战略的执行。集团在明晰了战略目标后，就必须专注于如何将战略目标和战略实施规划落到实际行动。具体来讲，战略实施规划从四个环节进行：战略分解、战略目标转换、战略实施、战略评估和优化。

第一环节：战略分解，即按照层级维度和模块维度进行战略分解

1. 层级维度

将集团整体战略纵向分解为集团整体战略、集团总部战略、子公司及下属业务单元战略。

2. 模块维度

将集团整体战略横向分解为发展战略（产业战略）、竞争战略、组织战略、营销战略、品牌战略、研发战略、供应链战略、生产战略、财务战略和人力资源战略等各个模块。

第二环节：战略目标转换

将各层级和各模块的战略目标分解相应层级和模块的年度经营目标，细化到季度经营目标和月度经营目标。这一步骤是战略实施承上启下的关键步骤。如果战略没有转换成可以衡量的经营目标，那么战略实施就没了方向，实施效果就没了衡量标准。

第三环节：战略实施

战略实施需要集团公司政策支持、资源配置、业务优化整合、组织结构调整等等配套内容。如果前两步解决的是战略分解和目标转换，那么，战略实施就是战略执行好坏与否最重要的步骤。

第三环节：战略评估与优化

包括总结和评估战略实施的效果和质量，与战略目标对比做偏差分析。战略实施偏差分析包括分析战略实施环境变化、评估战略实施效果，并根据偏差分析，做出战略优化调整。

要想使战略更好地落地，战略分解、战略目标转换、战略实施和战略评估优化“一个都不能少”。

通过分析战略执行的各个环节，我们可以看出，高度统一的集团管控能够提升集团总部、二级事业部和子（分）公司战略的执行能力。没有集团管控，集团管控各层级之间、各个功能模块之间，在转换战略目标和制定政策、配置资源、调整组织架构等方面，一定是“各扫门前雪，各自为了自己的利益而战”，做不到“力出一孔”，最终结果自然不可能“利出一孔”，更不可能实现集团利益最大化。所以说，集团管控是集团战略执行的必要保证，是集团价值最大化的必要保证。

上面的分析很抽象，但是逻辑很清晰。集团管控的终极目的是“实现集团价值最大化”。要想实现集团价值最大化，就要清楚地明白“集团价值是什么？集团想要什么？集团未来想去哪里？如何才能到达那里？”其中“集团想要什么”就是集团战略，“如何才能到达那里”就是战略实施和执行。所以我们可以概括一句话：集团管控的本质就是通过“明确集团战略，实施集团战略，提升集团战略的执行力”，最终目的是“实现集团价值最大化”。

案例分析

中粮集团的战略选择和集团管控

1. 中粮集团简介

中粮集团有限公司（COFCO）是立足中国的国际大粮商，是全球布局、全产业链、拥有最大市场和发展潜力的农业及粮油食品企业，集贸易、加工、销售、研发于一体的投资控股公司。

中粮集团资产总额5444亿元，年营业收入4709亿元，年经营总量近1.6亿吨，全球仓储能力3100万吨，年加工能力9000万吨，年港口中转能力6500万吨。

在中国，中粮集团综合加工能力超过6000万吨，是中国最大的农产品加工企业，涵盖了中国百姓日常消费的主要农产品品类，包括稻谷、小麦、玉米、油脂油料、糖、棉花、肉制品、乳制品、酒、茶叶等；形成了包括种植养殖、仓储、物流、贸易、加工、分销等环节的上下游一体化网络，搭建起“北粮南运”的大动脉。

作为投资控股企业，中粮集团旗下拥有13家上市公司，其中包括中国食品（00506. HK）、中粮控股（00606. HK）、蒙牛乳业（02319. HK）、中粮包装（00906. HK）、大悦城地产（00207. HK）、中粮肉食（01610. HK）、福田实业（00420. HK）、雅士利国际（01230. HK）、现代牧业（01117. HK）九家香港上市公司以及中粮糖业（600737. SH）、酒鬼酒（000799. SZ）、中粮地产（000031. SZ）、中粮生化（000930. SZ）四家内地公司。

2. 宁高宁时代，中粮集团战略——打造全产业链粮油食品企业

（1）中粮集团全产业链战略

2009年，中粮集团董事长宁高宁提出了全产业链的概念——以客户需求为导向，涵盖从田间到餐桌，即从农产品原料到终端消费品，包括种植、收储物流、贸易、加工、养殖屠宰、食品制造与营销等多个环节，通过对全产业链的系统管理和关键环节的有效掌控以及各产业链之间的有机协同，形成整体核心竞争力，奉献安全、营养、健康的食品，实现全面协调可持续发展。

宁高宁先生入主中粮之后，中粮集团开始了疯狂的并购历程。相关数据显示：2005—2013年，中粮集团就完成近50起并购项目，投资额146亿元。先后将中粮屯河（原新疆屯河）、中粮地产（原名深宝恒）、华润生化（现名航空动力）、丰原生化等收归旗下，随后又完成中粮国际的分拆。

2006年3月，在国资委主导下，中谷粮油集团并入中粮，成为其全资子公司。

2009年7月，中粮集团宣布出资61亿港元收购中国最大的乳制品企业蒙牛乳业香港交易所的股权。

……

2013年3月份，国务院国资委宣布华粮集团并入中粮集团。2013年底，“中粮贸易公司”正式成立，中粮、中谷、华粮三家粮食央企“三粮合一”，实现了粮食内贸、外贸、物流业务的统一。

2014年，中粮集团花费约30亿美元收购香港来宝集团51%的股份，控制了荷兰尼德拉公司。2014年11月26日，中国华孚贸易发展集团公司整体并入中粮集团有限公司，成为其全资子企业。华孚集团是国资委管理的大型商贸企业集团，注册资本13.34亿元。

……

2016年1月5日，宁高宁卸任中粮集团董事长职务，赵双连董事长接过中粮集团的指挥棒。随着领导人的更迭，中粮集团全产业链战略逐渐告一段落。在宁高宁的告别诗里，他不无遗憾地写道："如果有遗憾的事，就是中粮集团的画圈还没有绘完。"这个画圈就是全产业链。让中粮集团成为全产业链、遍布全球的、竞争力强的国际化大粮商，是宁高宁一直以来的愿望，显然，他壮志未酬。

（2）中粮集团全产业链战略分析

所谓全产业链，是指将产业链的社会分工打破，将产业链的上下游变成一家公司的内部交易，以此提高产业效率，降低交易成本，从而获得超过非全产业链企业的竞争力。

全产业链是中粮集团提出来的一种发展模式，是在中国居民食品消费升级、农产品产业升级、食品安全形势严峻的大背景下应运而生的。它是以消费者为导向，从产业链源头做起，经过种植与采购、贸易及物流、食品原料和饲料原料的加工、养殖屠宰、食品加工、分销及物流、品牌推广、食品销售等每一个环节，实现食品安全可追溯，形成安全、营养、健康的食品供应全过程。

做全产业链就是做"垄断"！比如国际著名的ABCD四大粮商（A即美国ADM、B即美国邦吉、C即美国嘉吉、D即法国路易达孚），几乎囊括了从种子、种植、化肥、仓储、物流、加工等整个产业链的所有环节，形成了对全球粮食产业的控制权。

理论和实践告诉我们，真正全产业链的秘诀是"全"。只有做"全"了，才能形成垄断，垄断了必然好赚钱。如果做不全，实现不了垄断，结果所有努力都会变成负担。

宁高宁董事长搞大了规模，扩充了业务板块，但一直到宁高宁离任时，也没有把全产业链条做全。所以宁总离任时说："中粮集团的画圈还没有绘完"。不完整的产业链没有形成垄断，没有"垄断"，"全产业"盈利起来比一般企业还要难。

3. 赵双连时代，瘦身健体计划和集团管控体系设计

2016 年，掌舵中粮集团半年之后，中粮集团新任董事长赵双连明确提出"瘦身健体"计划——以"小总部、大业务"为原则，积极部署瘦身健体工作，压缩管理层级，实现三级管控，法人单位减少 20%。积极开展"瘦身"行动——压缩管理层级，实现三级管控，法人单位减少 20%。

一是优化精简集团总部职能。根据改革方案，中粮总部职能部门从 13 个压缩到 7 个，人员从 610 人调整至 240 人之内，集团总部从管资产向管资本转变，定位为资本运营中心，管资本、管全面、管大局。主要负责国有资本的调配和监管，通过构建以资本为纽带的管控体系，管理集团战略与资源配置、投资与评价。

二是把专业化公司打造成资产运营的实体和核心。着力打造一系列专业化经营公司，使其成为集团资产运营的核心实体。中粮集团以品种（业务）为主线，结合集团业务现状，将集团所有业务划分为 18 个（也有资料报道称是 17 个）左右的专业化经营公司，由集团直接管理。专业化公司（平台）是资产运营实体核心，对资产运营的盈利回报负责。总部主要通过派驻专职董事、监事行使股东权利，不直接干预企业经营决策和业务运营。集团将用人权、薪酬分配权、考核评价权、资产配置权、生产和研发创新权等五大类关键权力，全部授权下属企业依法自行决策和管理。通过产供销一体化、权责利一体化、成本利润中心一体化改革，做实专业化经营公司，使其真正成为"自主经营、自负盈亏、自担风险、自我约束、自我发展"的独立市场主体。

三是大力实施"健体"举措。改善资产运营质量，提升净资产回报水平，提质增效。

第一，消化和优化现有资产，严控资产负债率在 70% 以内；

第二，强化对海外资产的业务整合和有效管控，实现扭亏增盈；

第三，分类处理亏损业务。对于处在培育期但暂时亏损的核心主业，下大力气加快扭亏；对于不是战略培育点又长期亏损、难以扭亏的业务，下决心退出。

中粮集团共计确认改造提升类企业 65 家，强化管理类企业 91 家，兼并重组和淘汰退出类企业 102 家。

到 2018 年，中粮集团利润总额达到 100 亿元，总资产周转率提升到 1.15 次左右，三年时间内完成“僵尸企业”重组整合或退出市场的主体工作，亏损企业亏损额减少 50% 以上，亏损面显著下降。

第三章

集团管控三大模式和六大影响因素

在集团管控中，一共有三种不同的管控模式：财务管控型、战略管控型和运营管控型。通俗地讲，财务管控型是甩手掌柜的，战略管控是抓大放小，运营管控型就是一竿子捅到底。

第一节　集团管控体系“5D +1C”模型

集团管控三分法最初来源于美国咨询师迈克尔·古尔德。在他的著作《战略与风格》和《公司层面战略》中，集团公司对下属企业的管理风格大致可以分为战略导向型、财务导向型、操作导向型。

为了解“财务控制型、战略管控型和运营管控型”不同的定义和特点，我们绘制了表 3 -1。该表重点描述在三种不同管控模式下，集团公司与子公司之间的集分权的程度、子公司业务的关联度、子公司企业特点、集团管控目标、集团定位与部门设置、集团战略和规划、集团管控手段、财务管控重点和投资管控重点等因素的不同。

表 3－1　集团管控三大模式分析表

	财务管控型	战略管控型	运营管控型
集权程度	分权	适中	集权
业务关联度	多个非相关的独立业务的运作；	两、三个甚至多个相关联的业务；或单一产业领域内的发展；	基本单一的业务，有地域局限性；主业内部企业之间业务流程关联紧密，关联交易较多，需要进行协调与管控；
被管控企业特点	非战略发展重点企业；自身发展处于成熟、稳定的阶段的企业；	支持集团未来战略发展的重要企业；在过程中，定期进行战略评估与控制；	主业内的重点企业；经营管理方面没有达到规范化；
集团管控目标	股东投资回报；通过投资业务组合的结构优化；追求公司价值最大化；	公司组合的协调发展；投资业务的战略优化和协调；战略协同效应的培育；	公司整体协调成长；各子公司经营管理统一、优化；对行业成功因素集中控制与管理；
集团定位与部门设置	投资决策中心；无业务管理部门；	战略决策中心；投资决策中心；一般无具体业务管理部门；	经营决策中心；运营指标管理中心；
集团战略和规划	制定主要的收购、投资、资产出让等决策；	提供集团战略方向；战略实施资源配置；战略有效性评估；	组织、领导开发和实施企业经营计划；
集团管控手段	投资控制；财务控制； 资产管理；法律/审计； 企业并购；	战略规划与控制；投资控制； 财务控制；资产管理； 人力资源管理；品牌管理； 审计/纪检/法律；	战略规划与控制；投资控制； 财务控制；资产管理； 主营业务调控；新业务开发； 人力资源管理；营销控制； 品牌管理；生产管理； 供应链管理；研发管理； 风险管理；信息控制；
集团财务管控重点	最基本的财务管理和考核；	每季度跟踪主要财务指标；	每月详细检查所有的财务参数；
集团投资管控重点	设定预算范围和现金流量目标	检查和批准主要投资项目的合理性	管理投资项目，关注投资项目的每一细节

第二节 集团管控模式六大影响因素分析

通过案例分析，可以归纳出影响集团管控模式选择的六大因素：产权关系、发展战略、企业规模（业务布局）、业务发展阶段、管理能力和企业文化（企业家精神）。下面，对这些影响因素逐一进行分析。

一、产权关系

根据集团公司在子公司的不同持股比例，在子公司中占有不同的话语权。集团公司如果在子公司是控股（又分为相对控股和绝对控股）地位，则比较偏爱集权化运营。如果集团公司在子公司是参股，则偏爱分权化运营。通俗地讲，集团公司在子公司股权占比越高，越集权。反之亦然。

管理工具

产权和股权

一、产权和股权

产权是经济所有制关系的法律表现形式。它包括财产的所有权、占有权、支配权、使用权、收益权和处置权。按照《中华人民共和国民法通则》第五章第一节第七十一条规定："财产所有权是指所有人依法对自己的财产享有占有、使用、收益和处分的权利。"按照上述法律条文理解，产权首先是指财产所有权。其次，产权还指与财产所有权有关的财产权。

股权是指"股东对所投资的股份公司所享有的权益。"按照《中华人民共和国公司法》规定，股权是指"股票持有者所具有的与其拥有的股票比例相应的权益及承担一定责任的权力。"股权包括投资受益权、表决权、选举管理的权力、公司经营建议权或质询权、知情权、股份或出资的转让权、剩余资产分配权、优先认股权和诉权。

二、股权九条生命线

股权比例	相应股东权益
绝对控制线 67%	一些重大事项的（如公司的股本变化，关于公司的增减资，修改公司章程/分立、合并、变更主营项目）等重大决策，需要2/3以上票数支持的。
相对控制线 51%（融资则为52%）	一些简单事项的决策，如聘请独立董事，选举董事、董事长，聘请审议机构，聘请会计师事务所，聘请/解聘总经理。如果公司要上市，经过2至3次稀释后，还可以控制公司。
安全控制线34%	股东会会议做出修改公司章程、增加或者减少注册资本的决议，以及公司合并、分立、解散或者变更公司形式的决议，必须经代表三分之二以上表决权的股东通过。如果某一股东的股份为33.31%以上，只要这一个股东投反对票，就决定了股东会决议是不能通过了，这就相当于“一票否决权”。
上市公司要约收购线 30%	通过证券交易所的证券交易，收购人持有一个上市公司的股份达到该公司已发行股份的30%时，继续增持股份的，应当采取要约方式进行，发出全面要约或者部分要约。
重大同业竞争警示线 20%	同业竞争是指上市公司所从事的业务与其控股股东或实际控制人或控股股东所控制的其他企业所从事的业务相同或近似，双方构成或可能构成直接或间接的竞争关系。
临时会议权 10%	可提出质询、调查、起诉、清算、解散公司。
重大股权变动警示线 5%	证券法规定达到5%及以上，需披露权益变动书。
临时提案权3%	单独或者合计持有公司3%以上股份的股东，可以在股东大会召开10日前，提出临时提案并书面提交召集人。
代位诉讼权1%	亦称派生诉讼权，可以间接的调查和起诉权（提起监事会或董事会调查）

三、相对控股和绝对控股

（一）绝对控股

通俗地讲，绝对控股就是股东的股权比例大于50%。法律意义上讲，绝对控股是指企业的全部实收资本中，某种经济成分的出资人拥有的实收资本（股本）所占企业的全部实收资本（股本）的比例大于50%。

（二）相对控股

通俗地讲，对一些股份分散的公司，单一股东持股20%—30%，成为第一大股东，并左右公司决议的通过和经营管理，就是相对控股。法律意义上讲，是指在企业的全部实收资本中，某经济成分的出资人拥有的实收资本（股本）所占的比例虽未大于50%，但根据协议规定，拥有企业的实际控制权（协议控股），或者相对大于其他任何一种经济成分的出资人所占比例（相对控股）。

二、企业规模（业务布局）

按照销售收入、员工人数等因素，可以将企业分为特大型、大型、中型、小型、微型。业务布局是指企业所涉猎的产业分类，包括单一化和多元化。对于管控模式的影响，这两个因素有高度的正相关性，所以放在一起研究。

一般来讲，企业规模越大，产业布局越多，越跨地域，这时候企业管控的难度就越大，越需要分权化经营。相反，小规模的企业，所涉及的产业和地域都比较单一，容易集权化管理。

三、发展战略

从两个层面来研究发展战略对管控模式的影响：一个是产业定位；第二个是下属公司产业与集团主营产业的相关性。

（一）产业定位

要搞明白产业定位，我们先分析产品定位。按照波士顿矩阵（BCG Matrix）分析，根据企业内相关产品的销售增长率和市场占有率，将产品分为四类：

（1）明星类产品：销售增长率和市场占有率“双高”的产品群；

（2）瘦狗类产品：销售增长率和市场占有率“双低”的产品群；

（3）问题类产品：销售增长率高、市场占有率低的产品群；

（4）现金牛类产品：销售增长率低、市场占有率高的产品群。

下面我们看企业的产业定位。产业定位是指企业根据自身情况，做企业内部相关产业的 PESTEL 模型分析、SWOT 分析和波特五力模型分析，明确各个产业所处的生命周期，把企业涉及的产业分为成熟期的支柱产业、成长期的主导产业、培育期的先导产业和要退出的产业。这和产品定位就有了高度相似性。具体见表 3－2：

表 3－2　产品定位与产业定位对比表

产品定位	类似的产业定位
现金牛产品	支柱产业
明星类产品	主导产业
问题类产品	先导产业
瘦狗类产品	退出产业

1. 对于企业集团的支柱产业，也称企业的主导产业（主营业务），在集团内的战略地位高，是企业的重要业务，是公司收入来源的顶梁柱，容不得半点闪失，所以，集团要加强管控、集权管理，属于运营型管控。

2. 对于一些先导类产业和主导产业，是企业的未来和希望，所以，一定要做重要的战略指导和规划，要重点培养，属于战略型管控。

3. 对于企业要退出的产业，集团内的战略地位低，企业就大胆放权，主要目的是控制财务成本，减少亏损，属于财务型管控。

（二）下属公司产业与主营产业的相关性

集团公司里，有下属公司的产业是为主营产业配套的，与主营产业的相关性高。有的产业与主营产业的相关性低。对于相关性高的产业，集团要集权管理。相反，对于相关性低的产业，集团公司就分权化管理。

管理工具

PESTEL 模型分析

PESTEL 分析模型又称大环境分析，是分析宏观环境的有效工具，不仅能够分析外部环境，而且能够识别一切对组织有冲击作用的力量。它是调查组织外部影响因素的方法，其每一个字母代表一个因素，可以分为6大因素：政治因素（Political）、经济因素（Economic）、社会因素（Social）、技术因素（Technological）、环境因素（Environmental）和法律因素（Legal）。

PESTEL模型分析是制定企业发展战略和行业（产业）选择时，做宏观环境分析的有效工具。PESTEL分析模型和SWOT分析、波特五力模型分析一起，构成最重要的战略和行业选择分析工具。

四、发展阶段

参照企业生命周期理论，可以按照管理成熟度，把企业分为创业阶段、集合阶段、正规化管理阶段和精细化管理阶段。从集团和子公司两个维度，分析企业发展阶段对集团管控的影响。

对于集团公司来说，如果管理成熟度越高，说明集团的战略规划、治理模式、架构模式、管控框架和边界的划分、管控流程和制度越完善，企业文化越健康，对于子公司的各项管控越偏向集权化。反之，越偏向分权化。

对于下属公司来讲，子公司的成熟度越高，战略执行、目标分解与考核、财务管理、营销管理、品牌管理、生产管理、供应链管理、研发管理、人力资源管理等模块越成熟，子公司整体表现的运营水平越高，这时候，集团对子公司的管控也就越偏向分权化。反之，子公司运营水平越不成熟，集团管理就越集权化。

五、管理能力

通俗地讲，企业管理能力就是围绕战略规划管理各项资源，达成企业目标的能力。企业管理能力越高，企业经营成果越大。从管理学意义上讲，企业管理能力是企业对包括内部条件及其发展潜力在内的经营战略与计划的决策能力，以及企业上下各种生产经营活动的管理能力的总和。我们把管理能力也分为集团公司管理能力和子公司的管理能力。

集团公司管理能力越高，越趋向于集权管控。同样，子公司管理能力越高，集团公司越趋向于分权管理。

另外，管理能力是判断企业发展阶段和成熟性最重要衡量标准。也就说，第四个影响因素“管理能力”和第三个影响因素“发展阶段”对管控模式选择影响效果是高度正相关的。

六、企业文化（企业家精神）

企业文化是指在生产经营过程中形成的企业所独有的价值观和思考方式，是集团管控的文化环境氛围，高度影响企业内员工的做事方式，当然也影响管控模式的选择。某种程度上，企业文化又是企业家的文化，受企业家或者创始人价值观的高度影响。所以，我们把企业家精神和企业文化放在一起分析。

在高度融合企业文化里，企业价值观一致性比较高，企业内部以积极的态度克服不同文化之间的差异，以人为本渗透到管理的各个环节，内部沟通积极、有效，管理细化。这时，建立在高度信任的企业文化基础上，集团管控以分权为主。

如果集团和子公司之间企业文化的融合性低，就需要高度集权的集团管控，统一行为，步调一致。

七、其他因素影响

除了上面的六大影响因素外，集团管控还受集团信息化管理水平、行业特点和企业性质的影响，但是这些因素不容易总结出规律。比如信息越发达、越对称，越容易管控。但是另一方面，信息越发达、越对称，集团总部越放心，管控就越少。

行业特点和企业性质也没有统一的规律。比如，在同一个行业里面，有的企业集权化比较明显，而有的企业更倾向于分权。

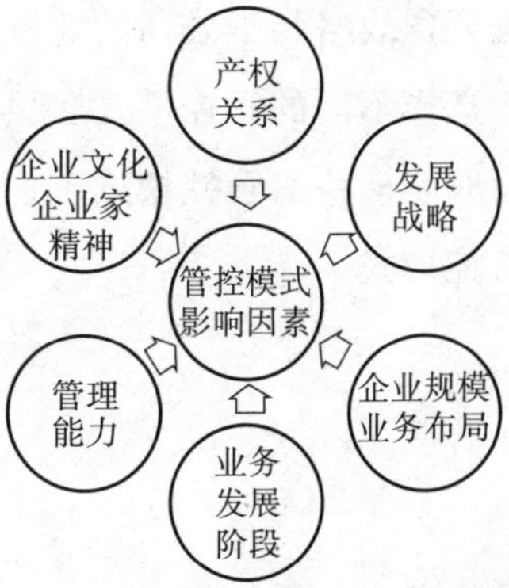

图 3－1 集团管控模式影响因素

第三节 管控模式集权与分权——找到平衡点＋混合型

在实际集团管控过程中，集团必须首先要思考管控模式。上面六大影响因素只是集团在选择管控模式时的思考方式、规划逻辑。实际设计集团管控体系时，这些因素是主要的参考点，但是绝对不能机械到“照搬招套”，否则必死无疑。

管控模式的实质是集权和分权的平衡，也是控制和灵活的平衡与统一，所以要找到最佳平衡点。

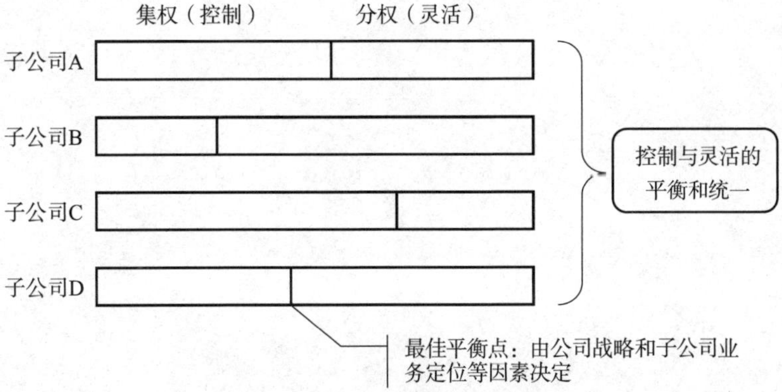

图 3－2 管控模式最佳平衡点

在实际操作中，根据公司战略和子公司的业务定位等综合因素，集团公司针对不同的子公司，选择不同的管控模式。更进一步，集团公司的每一个职能模块对下属公司职能模块的管控模式上，也会有所不同，最后结果一定是采用混合型的管控模式。

第四章

管控体系“5D+1C”模型

按照管控三分法，管控模式可以分为财务管控型、战略管控型和运营管控型。如果进一步细化划分的话，战略管控型又分为战略设计型和战略管控型，管控三分法又变成四分法：财务管控型、战略设计型、战略管控型和运营管控型。

管控模式是管控体系设计的思维模式和逻辑基础，但是不能够直接作为操作工具，实施落地。因为无论是三分法还是四分法，只是简单把子公司分为三类或者四类，它只是一个大的分类概念，只是形成了集团管控的指引和基础。从可实施性来讲，管控模式还存在很多局限性。

第一节　集团战略概述

一、不要简单机械地划分管控模式，要从综合角度思考

我们设计管控体系的时候，首先要根据企业的产权关系、发展战略、企业规模（业务布局）、业务发展阶段、管理能力和企业文化（企业家精神）等主要影响因素，选择比较适合的管控模式，对管控体系设计有了一个比较宏观的思维模式和逻辑基础。

但是仅仅依靠管控模式，集团管控仍不能落地。真正落地实施，需要

从综合角度思考如何构建一套管控体系。管控体系要结合企业特有的行业特色、区域特色、文化特色和运营具体情况，制定企业集团的战略规划、治理机制、组织架构、管控框架与边界、管控流程与制度。除此之外，集团还要营造统一的企业文化。

二、不要静态不变地设计管控体系，要有动态思维

简单理解，企业管理是以“战略管理为先导，目标管理为方向，过程管理为保障，绩效考核为监督”的过程。但在这个过程中，企业所处的外部环境时时在变化，内部条件也是“一日千里，实时更新”。

如果我们以静态的角度划分了三种管控公式，而不是以动态地思维，采用权变的理论，那么就会像刻舟求剑一样“从其所契者入水求之。舟已行矣，而剑不行，求剑若此，不亦惑乎!”。所以设计管控体系时，要有时空概念，要有动态思维，而不是贴上某种管控模式的标签。这样不是固化，而是僵化。

三、三分法是管控模式，而不是管控体系

集团管控的本质就是通过“明确集团战略，实施集团战略，提升集团战略的执行力”，最终目的是“实现集团价值最大化”。要想“实现集团价值最大化”，必须狠抓“战略实施”，必须构建促使战略落地的治理模式、组织架构、各个模块的管控流程和制度，所以仅仅有管控模式三分法是远远不够的。

第二节 集团管控体系“5D +1C”模型

管控体系涉及集团的战略管理、集团组织管理、集团运营管理、集团监控管理和集团文化管理等方面。我们归纳总结上述内容，设计了集团管控体系“5D +1C”管控模型——五个维度（Dimension）的内容，包括战

略规划、集团治理机制、组织架构、管控框架与边界、管控流程与制度和统一的企业文化（Culture）。

“战略规划、治理机制、组织架构”是集团管控体系的基础性构成，“管控框架与边界、管控流程与制度”是集团管控体系的内容性构成，“企业文化”是集团管控体系的环境性构成。

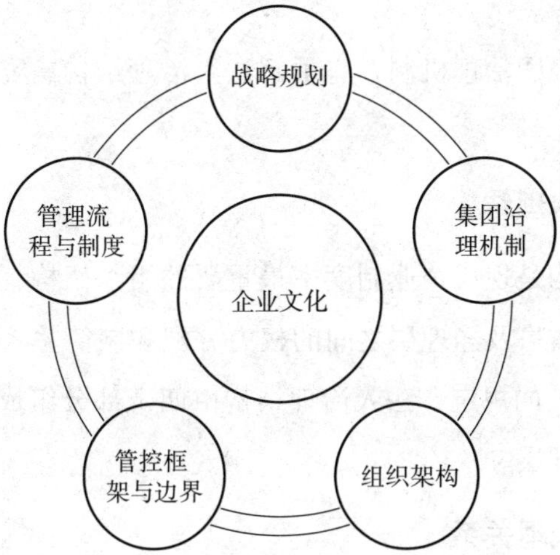

图4－1　集团管控体系“5D＋1C”模型

一、战略规划

集团管控体系“5D＋1C”模型第一个维度就是集团战略规划。

集团战略规划解决的“集团要到哪里去”。集团战略规划目的就是统一集团和子公司的战略思路和战略表达，使集团上下清晰“集团要到哪里去”，管控的是集团公司和子公司发展的方向性问题。

有了统一的集团战略规划，在制订集团整体战略、集团总部职能战略、子公司及下属业务单元战略时，集团就能够上下平衡、协调、统一。集团管控也就能够紧紧围绕集团公司的战略导向。

二、集团治理机制

集团治理机制很重要，是集团管控体系模型的第二个维度，是集团管控实施的基础。设计好高度统一的战略规划之后，就要思考“如何设计一套统一、合法的集团治理机制”，为集团管控的实施提供政治、法律、权力分配与制衡保障。

要想说明白集团治理机制，先了解法人治理结构、委托代理关系和监督制衡关系。

（一）法人治理结构

法人治理结构是现代企业制度中最重要的组织架构，主要是指公司内部股东、董事、监事及经理层之间的权力分配和制衡关系。按照《中华人民共和国公司法》的规定，法人治理结构由四个部分组成：股东会、董事会、监事会和经理层。

（二）委托代理关系

随着公司的产生和发展，公司的所有权和经营权分离。企业所有权属于股东，股东委托董事会进行企业的经营管理，股东和董事会之间形成了Ⅰ级委托；董事会聘请经理层进行企业经营，董事会和经理层之间就产生了Ⅱ级委托代理关系；经理层与下属公司和业务单元之间形成了Ⅲ级委托代理关系。

（三）监督制衡关系

为了提高企业经营效益，保证股东的投资回报，董事会授权给经理层进行经营。但是为了保证经理层不滥用经营权，形成内部人控制，侵犯股东利益，董事会对经理层履行职务行为还要进行权力管控、制衡和管理监督。

按照集团治理机制的定义，它主要解决的是集团公司、二级事业部、子公司各自内部的和相互之间的法人治理结构，整合的是相应各层级股东会、董事会、监事会和运营层之间权力分配和制衡关系。

集团治理机制为集团管控实施提供政治和法律保障，对集团公司、二级事业部和子公司的多级法人治理结构进行统一整合，对各级法人治理结构进行权力分配和制衡，最终目的是“通过合法的程序实现对二级事业部和子公司独立法人的控制。”

除了对子公司独立法人的控制目的之外，集团治理机制还希望为集团公司内各级公司之间的职能制衡提供基础保障。

三、组织架构

在设计完集团管控体系中的前两个维度战略规划和集团治理机制之后，就进入集团管控体系的第三个维度——组织架构。

首先指出，架构模式是一个电脑软件学用语，它又称为架构风格。一个架构模式描述软件系统里的基本的结构组织或纲要。架构模式提供一些呈先定义好的子系统，指定它们的责任，并给出把它们组织在一起的法则和指南。一个架构模式常常可以分解成很多个设计模式的联合使用。

参照上面的定义，我们可以尝试给出管控体系中组织架构的含义。集团组织架构描述多级公司系统中的基本的结构组织。集团管控下的组织架构提供一些呈先定义好的组织架构子系统，明确它们的责任，并给出把它们组织在一起的法则和指南。集团管控下的组织架构解决的是董事会与经理层、三个中心（投资中心、运营中心＋利润中心、成本中心）、三个层面（决策层、管理层、执行层）等之间以及各自内部组织架构设计。

除此之外，集团管控下的组织架构还解决了上一层组织的职能部门对下一层公司之间相应的权力分配和制衡关系，以及各级运营层之间的委托代理关系等。

案例分析

“管资本”的中粮集团总部

2016 年，中粮集团国有资本投资公司试点改革总体方案出台，目标是改组成为国有资本投资公司，将集团总部、专业化公司（二级事业部）和三级子公司的层次定位做重新梳理。

（1）企业定位：向承担国家粮食和食品安全的功能转型。

（2）发展模式：向内涵式提质增效转型，将中粮集团打造成国际大粮商。

（3）组织架构：“集团总部资本层—专业化公司资产层—生产单位执行层”三级架构。

（4）集团总部管理模式：从管资本、资产向管资本转型。

（5）集团总部平台：中粮集团瘦身健体，压缩管理层级，构建“小总部，大产业”体系。依据精简高效原则，中粮集团总部将职能部门从13个压缩到7个，人员从610人调整至240人之内。

（6）二级事业部生产运营商业模式：向专业化公司转型。

（7）二级事业部业务聚焦原则：中粮集团以核心产品为主线推进整合组建了18个专业化公司，并将用人权、资产配置权、生产和研发创新权、考核评价权及薪酬分配权5大类关键权力全部下放，使其真正成为依法自主经营、自负盈亏、自担风险的市场主体。

（8）合理高效配置资源：在聚焦核心业务的同时，坚决淘汰退出非主业低效资产。把加快“僵尸企业”市场出清作为“牛鼻子”，大力推进“僵尸”和特困企业专项治理，针对一些长期亏损、扭亏无望的企业和低效无效资产，积极探索兼并重组、破产清算、产权转让等多渠道的国有资本退出方式，逐步实现资源配置的合理高效。

截至2017年2月，中粮集团已完成巧克力、方便面、羊绒、木材、利海船务等业务的退出，2016年共完成36户“僵尸”和特困企业的处置任务。

同时，将减少法人户数与“僵尸”和特困企业专项治理工作协同推进，不搞“两张皮”。对已纳入集团整合重组退出类的企业，按照既定方案加快推进。全面梳理排查特殊目的公司、离岸公司、项目公司，进一步规范管理要求。对于无经营场所、无业务和无营业收入的空壳公司，坚决清理注销。截至2016年11月，集团已减少法人75户。

四、管控框架与边界

管控框架与边界是管控体系模型里的第四个维度，是集团管控体系操作、落地的基本原则。管控框架是管控体系设计的基础，它根据公司的产权关系、业务模式和规模、发展战略、发展阶段、管理能力、经营区域、企业文化等一系列的影响因素，确定某一事业部公司的管控模式。在管控模式的基础上，设定管控的模块分类、各层级之间在某一模块上的职责划分框架和权限划分框架等。具体操作上，管控框架主要是界定的多层级管控体系里，某一层级在某一职能模块上的功能划分。

按照传统分类，依据功能，集团管控框架可以按照三大体系设计：职能体系、运营体系和监督体系。

（一）职能体系管控，包括战略管控、财务管控、投资管控、人力资源管控、文化管控管控等；

（二）运营体系管控，包括生产管控、研发管控、供应链管控、营销管控、品牌管控、信息管控等；

（三）风险体系管控，企业运营风险包括财务、运营、政策等风险，相应地，就有了审计管控、法务管控、公共关系管控、危机公关、安全管理等管控。

管控边界就是界定集团、二级事业部、子公司在各个管控模块应该管理的范围，在权责、管控资源配置、管控运作等方面基本准则与边界划分。在具体操作上，管控边界主要是界定的多层级管控体系里，某一层级在某一职能模块上的职责和权限划分。

管控框架与边界总结了在集团多层次架构下，各项管控职能具体运作的逻辑思路和框架，为设计具体的管控流程与制度奠定了基础和指导思想。管控框架与边界的设计输出结果是一套《集团管控框架与边界汇总表》。

管理工具

表4-1　集团财务管控框架与边界汇总表

	集团		二级事业部		子公司	
	框架	边界	框架	边界	框架	边界
制定核算标准	制定审批监督	组织制定核算标准；审批核算标准；监督核算标准执行；	建议执行监督	提出相关建议；执行核算标准；监督核算标准执行；	建议执行	提出相关建议；执行核算标准；
预算管理	审批监督	提出整体预算计划和要求；指导编制预算；监督和分析预算执行；审批预算调整的申请；	审核执行	组织事业部的预算编制；呈报控股集团审批；执行预算计划；分析预算执行情况；	提案执行	预算编制工作；呈报事业部审核；执行预算计划；分析预算执行情况；
资金收支计划管理	审批监督	审批资金使用计划；监督资金使用状况；	审核提案执行	组织编制资金使用计划；呈报控股集团审批；执行资金使用计划；	提案执行	编制资金使用计划；呈报事业部审核；执行资金使用计划
融资管理	审批监督	审批融资计划；监督审计融资的使用情况；	提案执行	编制公司融资计划；呈报控股集团审批；执行融资计划	提案执行	负责编制公司融资计划；呈报事业部审核；执行融资计划
现金管理	审批	审批本级的现金支出；本级现金日常管理；	审批	审批本级的现金支出；本级现金日常管理	审批	审批本级现金支出；本级现金日常管理
账户管理	审批审核	审批事业部和子公司的账户开立和撤销；汇总银行存款	审核执行	审核子公司账户开立和撤销；上报银行存款	建议执行	建议账户开立和撤销；上报银行存款
担保管理	审批监督	审批集团对子公司的担保；审批对外担保行为；监督对外担保的实施情况	审批	审批事业部为控股子公司担保	执行	执行审批后担保

五、管控流程与制度

管理流程与制度是集团管控体系模型里的第五个因素。在第四个因素里面，集团明确了多级管控层次下，每一个管控层次在不同管控模块下的功能定位（框架）和承担的职责（边界）。但是这毕竟是一套管控体系的框架和边界，还不能完全应用，还不能具体落地。

为了使管控体系真正落地，必须最后落实到制度和流程上来，包括流程和制度编制计划、编制流程、制定制度、固化输出、偏差分析、优化提升等几个方面，这也是一套标准的 PDCA 过程。

为了建立一套适应集团管控的制度和流程管理体系，我们必须在下面五个方面下功夫：

第一，设立一个统一的流程和制度管理机构。

第二，采用一套统一的流程描述语言。一套强制统一的流程描述语言，目的是减少流程描述的差异，减少不同管理者、不同部门针对同意流程理解的差异性，避免“鸡同鸭讲”。

第三，梳理一套统一的流程和制度手册。梳理出一套综合的流程和制度手册是集团管控体系建设的阶段性标志。企业的业务流程涵盖了集团几乎所有的重点的端到端的流程。业务流程体现了企业管理思想和理念整合，而管控制度又是这种流程落地、实施的文字性描述。

第四，建立一套统一的流程和制度清单。将集团管控的相关制度与流程文件整合在一起，编制流程和制度清单，用于固化输出“管控流程与制度识别、分级、规划”成果。

第五，建立一个统一的信息化流程管理平台。建立、修改和发布集团、子公司及下属业务单元所有的业务流程和制度。

管理工具

表4－2　集团管控流程与制度清单

某药业集团管控流程与制度清单（研发流程）

部门：　　　　　　责任人：　　　　　　制定时间：

编号	支持制度	二级流程	编号	三级流程
ZBD－YF－01		产品开发管理流程	ZBD－YF－KF－01	现有产品二次开发流程
			ZBD－YF－KF－02	保健品开发流程
			ZBD－YF－KF－03	新产品开发流程

续表

部门：		责任人：	制定时间：	
编号	支持制度	二级流程	编号	三级流程
ZBD-YF-02		实验项目管理流程		
ZBD-YF-03		科研课题申报流程		
ZBD-YF-04		知识产权管理流程		
ZBD-YF-05		药品再注册流程		
ZBD-YF-06		信息收集管理流程		
ZBD-YF-07		项目委托研究管理流程		

六、企业文化

企业文化是企业在经营生产过程中形成的，企业所独有的使命、价值观、愿景、信念、仪式、符号、处事方式等因素组成的一种管理文化。它是企业做事时的思考方式，也是员工在从事经营活动中所秉持的价值观念，它是企业的精神财富。

企业文化的核心是企业的精神和价值观，包括价值观念、经营方式、企业精神、道德规范、文化观念、思维方式、行为准则、历史传统、企业制度、文化环境等因素。

企业文化不是集团管控体系建设的某一个维度，而是为集团管控创造的文化环境，是一个文化磁场。它统一了集团—二级事业部—子公司员工的价值观和思维方式。企业文化管控最高级的管控形式，也是最难的管控形式，因为企业文化是触及企业和员工灵魂的东西。企业文化无处不在，不容易看见摸到。

企业文化体系是一个由核心层、中间层和外围层组成。从里往外，依次是精神文化、制度文化、行为文化和物质文化。这四者的关系是依次递进的，精神文化是企业制定各种规章制度的灵魂体现，制度文化指引规范员工的行为，企业文化最终体现在物质文化上。物质文化是企业文化的外在体现，具体指企业色、企业装修风格、CI 策划、公司 LOGO，甚至公司的办公大楼、机器设备、生产车间布局、生产线布置、员工的共同爱好、生活环境、对待产品质量的态度等。

管理工具

企业兼并、重组中文化整合的作用

企业兼并、重组是不同企业之间的一次大调整、大变革，这必然会对原有企业的思维方式和价值观形成强大的冲击，给企业员工带来很大的不适应。因为不同的企业有不同的价值观、思维方式、经营方式和领导风格等，合并后会有大量的文化冲突。在兼并、重组中，企业文化、思维方式和做事风格大碰撞，甚至领导风格都有较大冲突。处理不好，就会使合并企业分崩离析，功亏一篑。所以，企业在兼并、重组时，企业文化整合起着至关重要的作用，也是兼并、重组能否成功的关键。

企业文化整合就是将不同的企业文化通过合并、分拆、增强、减弱、借鉴、融合等方式进行处理，从而形成一种新的企业文化。

企业文化的整合分三种：①一种强势文化吞并另外一种文化；②两种文化融合形成一种新文化；③两者没有吞并，而是在保留各自文化的基础上，相互借鉴，吸收对方优点，求同存异，求两者之间的最大公约数。当然也存在文化整合无效，各个企业之间仍然是“各念各的经，各走各的道”。

案例分析

惠普康柏世纪合并中文化整合的作用

进入 21 世纪之后，第一笔世纪大并购——惠普合并康柏。2002 年 5 月 7 日，康柏和惠普正式合二为一，成立了新惠普公司。两家巨无霸公司的整合一共分四步，包括人员的整合、工作和流程的整理、团队整合和文化整合。在企业文化整合中，从合并之日起，新惠普的领导层要定期在一起讨论公司的文化、理念、价值观，这个过程要持续一两年的时间，因为文化的融合非常重要，但“文化”这种东西又不能马上产生，它是经过时间的酝酿发酵的，所以要定期讨论企业文化的融合。

合并前，两家各是什么样的文化呢？惠普成立于1939年，两家企业合并时，拥有60多年历史，它的企业文化属于稳健、厚重的中年绅士风格——惠普之道：对客户忠诚，信任并尊重个人，追求卓越，重视团队精神，鼓励创造性。康柏成立于1982年，两家企业合并时，只有近20年历史。它的企业文化属于典型的年轻公司“重业务，求生存”风格——更注重以业务为导向，以快速地抢占市场为第一目标。与惠普的稳健厚重比起来，康柏公司“经营灵活，不重程序，决策迅速，快速行动”。

两家公司合并时，惠普吸收了康柏文化的精华，“你中有我，我中有你”，建立了新的公司文化——继承了惠普之道中的诚信原则，又发扬了康柏文化中的机动灵活、决策迅速的特点，最终两家企业合并成功。

案例分析

万科文化的体育情结

万科文化中的体育情结最早来自于万科的创始人王石先生。王石酷爱登山、赛艇、帆船、滑翔机等运动，是典型的运动狂人。他的个人目标是2006年之前完成“7+2”。“7+2”的意思就是七大洲的最高峰再加上南极点和北极点，这9个点代表地球上各个坐标系的极点，代表着极限探险的最高境界。

（一）王石“登峰造极”备忘录

1999年5月，登上玉珠峰，海拔6178米；

2000年4月，登上章子峰，海拔7143米；

2001年8月，登上慕士塔格峰，海拔7546米；

2002年2月，登上非洲最高峰乞力马扎罗山基博峰（乌呼鲁峰），海拔5895米；

2002年5月，登上北美洲最高峰麦金利峰，海拔6194米；

2003年5月22日14时50分，登上世界最高峰——珠穆朗玛峰，海拔8848米；

2003 年 12 月，登上南极洲最高峰文森峰，海拔 5140 米；

2004 年 1 月，登上南美洲最高峰阿空加瓜峰，海拔 6964 米；

2004 年 7 月，登上欧洲最高峰厄尔布鲁士峰，海拔 5642 米；

2004 年 7 月，登上大洋洲最高峰科修斯科峰，海拔 2228 米；

2005 年 4 月，登上滑雪抵达北极点；

2005 年 12 月，登上顺利抵达南极点“7 +2”计划顺利收官，他也成为世界上完成此计划不足十人之一；

2010 年，5 月，王石第二次成功攀登珠穆朗玛峰。

王石是目前中国登上珠峰的“最老的人”，“7 +2”纪录完成者，滑翔伞 6100 米国内纪录创造者，2005 年环海南岛帆船比赛冠军。

（二）万科，跑步文化蔚然成风

在王石先生的感召下和郁亮先生的带领下，万科的跑步文化自上而下蔚然成风，跑全程马拉松成为很多员工的运动目标。万科集团现任董事长郁亮先生除了登山的爱好之外，还酷爱马拉松。经过多年艰苦卓绝的锻炼，郁亮从“800 米喘”变身为马拉松达人。2014 年，49 岁郁亮跑出 3 小时 18 分的马拉松好成绩，绝对属于业余选手中的佼佼者。

健康文化贯穿于万科精神理念中，有了健康的身体，才能更好地发展，才能更好地承担城市配套服务商的责任，为美好城市的建设竭尽全力。为了让更多的人能关注身体健康，加入跑步者的行列，万科提倡跑步文化，举办了一系列跑步活动，并积极鼓励社会各界参与进来。

近几年，万科主办的乐跑赛足迹遍布全国 60 个主要城市，超 300 场，逾 60 万人参加。万科希望成为将“推动健康，传递快乐”作为最大公益的企业，希望通过跑步的方式诠释“创造健康人生，成就健康企业”的运动精神。

这种万科企业体育文化的感召下，每一位员工都要求参与到日常的运动中，追求健康的体魄和心态，员工的身体自然没得挑。从 2011 年开始，万科开始在企业内部推行乐跑运动，关注员工健康，把员工健康和管理层奖金挂钩。一年后，万科在全国 50 多家城市公司成立了长跑俱乐部，员工积极参与各类跑步活动。2012年终体检，万科高管全员消灭脂肪肝，员工身体素质大幅提升。2017年，万科集团77708名员工中，体质测试参与率为99%，体质优良率为98.3%。

案例分析

B国际旅游集团管控体系——5D+1C模型

B国际旅游集团属于典型的多层级、多元化集团，集团管控体系包含“四层架构三级管理”，按业务类别划定“旅行社、酒店、地产、物流贸易、钢铁、电力和经营公司”七个板块公司。集团推行“强总部管控下专业化经营”，总部定位五个中心——战略规划中心、资本运作中心、投资决策中心、财务和资金管理决策中心和人力资源管理中心。集团的管控体系见图4-2：

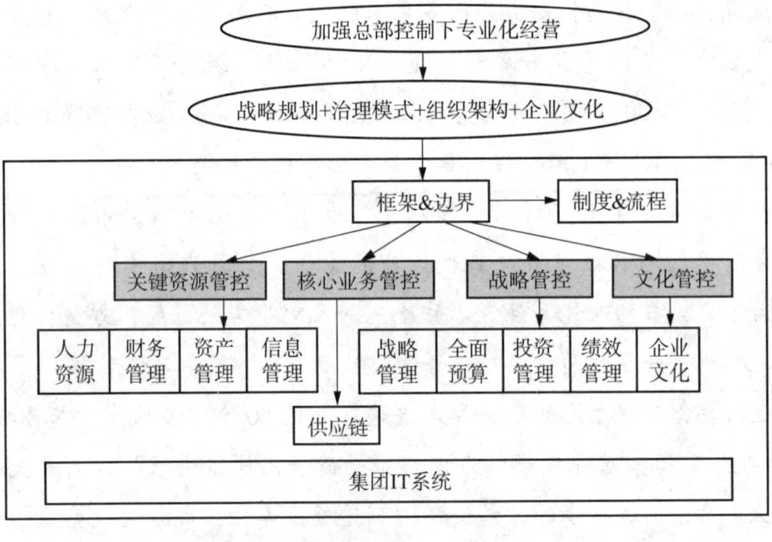

图4-2 B国际旅游集团管理体系

第五章

“5D+1C”模型的战略维度

第一节　集团战略概述

一、集团战略的定义和本质

（一）什么是集团战略

集团战略是基于集团发展的规律，在充分挖掘集团各产业经营的本质和规律的基础上，为了引领子公司及下属业务单元追求最大集团协同效应（规模效应、范围效应、速度效应等），而制定的一套计划体系的框架。

（二）集团战略的本质

集团战略的本质是“整合现在，塑造未来”。集团战略是在理解集团发展规律的基础上，用规律来设计集团化运作目标和框架，按照未来愿景整合现有能力和资源，构筑内部计划，有计划地叠加局部优势，形成一个人造的巨大优势，从而影响乃至创造未来。

（三）集团战略的通俗化解释

集团战略是解决“企业未来到何处去”的问题，包括几部分内容：

1. 我是谁——集团使命、愿景、核心价值观，解释了集团生存发展的根本原则，是集团的基本战略；同时，“我是谁”也要使用战略分析工具，盘点现有资源，做好外部环境分析（工具：PEST、产业链、五力模型、利益相关者)、内部环境分析（工具：价值链、波士顿矩阵）和综合分析(工具：SWOT)。

2. 我要到哪里去——是集团战略总体描述，说明集团想干什么、做什么样的选择，如何获取资源，如何进行产品研发与生产，如何进行产品销售、满足客户需求，这是企业的经营战略；

3. 我用什么方式到达那里——集团用什么方式强化自身竞争优势，战胜竞争对手，获取客户？是低成本还是差异化？这是企业的竞争战略。

4. 我有什么资源到达那里——集团依靠什么竞争？想干什么？有什么能力？有什么资源？凭什么？这是企业经营战略的进一步细化，是企业战略落地的核心和重点，是企业运营战略。

二、集团公司战略与单体公司战略的区别

单体公司战略主要是关于某一个产业或公司发展的未来规划，范围小，管理层次简单。

集团是经济联合体，所以，集团战略绝对不是子公司战略的简单加总。集团公司战略需要有总体发展思路，设计多个产业或多个公司整体的未来规划，包括各产业未来战略目标、产业选择和资源保障等内容。集团总体发展思路必须能够给子公司带来集约、协同和规模效应。

集团战略的实现路径是指通过集团管控和统一调度，利用规模经济、范围经济和战略协同效应，在集团内各产业和业务单元之间，实现资源整合共享、物理和化学反应，产生“1 +1 >2”的整合、协同效应，最终实现“集团价值最大化”。

集团公司战略与单体公司战略的区别见表5 -1：

表5－1 集团公司战略与单体公司战略的区别

	集团公司战略	单体公司战略
法人治理	多法人实体，多法人层次。除行政命令外，集团对子公司的进行战略决策通过法律架构来实施；	单法人实体
业务种类	多元化	单一业务
产业类别	跨产业	往往单一产业
管控层次	管控多层次	管理多层级
企业规模	规模化	规模小、中
竞争区域	跨地域甚至国际化	地域没有集团广泛
战略决策主体	决策主体多元、复杂	决策主体简单
战略核心追求	通过系统设计和再造，核心追求是综合能力提升；	以自身的差异追求和竞争力培养为核心；
战略关注重点	多产业投资或产融结合，追求多层次，多变量，多维度矩阵的协同效应，包括母子公司之间战略协同，子公司之间战略协同；实现集团超限度增长，实现集团整体价值的最大化；	关注针对某一产业的战略运营计划控制，在单一产业中追求竞争的差异化，在单一产业中培育竞争能力；
战略规划方法	采用构建型方法论规划，战略指导理论是复杂系统和有机论；	采用分析型方法论规划；
战略规划过程	集团战略是演绎。集团战略是先有虚、有形而上的思考，再到具体的产业，从虚到实，从宏观到微观的过程	单体公司战略是归纳；进行具体内外部环境和问题分析，发现运营系统中存在的问题，重新战略选择、解决问题过程

三、集团战略分三个层面

（一）集团整体战略

集团整体战略是集团战略的“顶层设计”，它高屋建瓴地整理集团所有产业的战略规划，是集团董事会、经理层、总部职能部门和各个子公司在一起“自上而下和自下而上”多次碰撞、讨论、协商制定的。集团整体战略包括集团基本战略、产融组合、产业组合、集团能力培育等；可以继续细分为集团整体发展模式、产业选择、组合与协同、发展模式、竞争区域、资源获取、资本运作、生产经营、人力资源、集团品牌与营销定位等战略内容。

案例分析

C旅游集团发展战略解读

1. 战略框架

(1) “以旅行社业、饭店业、景区业为主，相关适度多元为辅”布局产业结构；

(2) 以网络资源、品牌资源和产业链联合运作为依托，提升企业核心竞争力；

(3) 以业务结构调整优化、资本运作、运营标准国际化为主要路径，实现国际知名旅游企业集团的愿景目标。

2. 集团战略三步走

第一步：以旅行社业、饭店业、景区业为主，相关适度多元化为辅布局产业结构，集中资源向优势企业倾斜。

第二步：产业形态、组织结构、运作模式、运作机制采用国际标准进行全面升级，同时运作上市。

第三步：按国际一流的水准进行产业链条、资本结构、品牌、核心竞争力等持续发展能力的建设。

（二）集团总部战略

集团的整体战略涉及的是如何把集团战略推行落地，集团总部战略实质上是集团战略推进实施的规划和集团总部本身建设的发展规划。集团总部战略主要涉及总部定位、总部组织架构设计、总部职能拓展、总部能力建设四部分。其中总部职能拓展又侧重于四个方面的内容：各职能支持集团业务发展的总体原则、职能发展目标与主要阶段、职能战略关键举措、计划与预算、上一级职能战略与下一级职能部门之间的对应关系。具体的总部职能战略包括财务与资本运营战略、人力资源战略、品牌战略、集团文化战略等内容。

（三）子集团及业务单元战略

子集团及业务单元战略的目的是保障集团战略落地实施。任何集团战略的最终目的都是集团公司价值最大化，其中的核心就是集团公司利益最大化。从商业角度出发，集团公司存在的目的就是整合各产业的优势，发挥产业协同效应和集团职能部门的专家效应，为社会和集团创造更多价值。子集团和业务单元作为经营中心和执行中心，是集团产生价值的来源和核心，是集团整体战略的最终落脚点。

所以，从严格意义上讲，子集团或子公司没有自己的战略，而是集团战略在子集团或者子公司的分解和执行。子集团及业务单元战略是集团战略的继承、分解、细化和执行，可以在集团战略基础上创新或者微调，但不能推倒重来。

子集团及业务单元战略也包括子集团基本战略、盈利模式、竞争优势和子公司职能战略。

（四）三个层面战略之间相互配合

三个层面战略（集团整体战略、集团总部战略和子集团及业务单元战略）之间交相辉映，相互作用、相互支持，共同推动集团的成长。

四、集团战略的分类

（一）按照战略内容框架分类

1. 基本战略是集团生存发展的根本原则，包括使命（宗旨）、愿景和核心价值观。其中集团使命说明的是集团为什么活着以及在多大的业务范围里发展；集团愿景说明的是集团未来要成为什么样子；集团价值观说明应当遵循的是集团整体的核心价值理念是什么。

2. 经营战略：经营战略确定集团主要业务的战略目标，包括财务类指标和非财务类指标，指导集团业务组合与发展规划，具体包括各业务单位的战略任务系统、各业务单位总体目标与发展阶段划分、业务战略关键举措、计划与预算等三部分内容。经营战略涵盖集团从事什么产业，如何获取资源，进行产品研发与生产，最终进行产品销售，满足客户需求等经营部署的总框架。这是集团战略落地的方向性选择。

3. 竞争战略：竞争战略指导集团如何强化自身竞争优势，战胜竞争对手，获取客户。

4. 运营战略：运营战略是指保持产业链协同和价值链顺畅的关键性原则和策略。运营战略主要是对集团各个业务运营层（二级子集团）和子公司（执行层）进行具体的规划，是对各个业务的进一步细化，是集团战略落地实施的核心和重点。

5. 管控战略：管控战略是指集团如何选择管控模式、设计治理机制、组织架构、管控框架与边界、管控流程与制度等。

（二）其他的战略分类模式

1. 按照竞争方式，战略可分为成本领先战略、差异化战略和集中聚焦战略。

2. 按照发展速度分类：战略可分为发展型战略、稳定型战略、收缩型战略；其中发展型战略包括一体化战略、多元化战略、密集型成长战略；稳定型战略包括暂停战略、无变化战略、维持利润战略、谨慎前进战略；收缩型战略包括转变战略、放弃战略、清算战略。

3. 按照风险偏好程度，战略可分为保守型战略、风险型战略、分析型战略三类。

五、集团战略与集团管控的关系

集团战略解决的“集团到哪里去”和“如何到那里”的问题，是企业发展的灯塔和方向标，是选择管控模式、治理机制和组织架构的基础和依据。集团战略决定了集团管控体系、治理机制和组织架构设计和运行方式。集团管控体系“5D+1C”模型第一个维度就是集团战略规划。

案例分析

中国青旅实业集团新战略
——变革整合、动态优化、共建共享

2017年8月31日，中国青旅实业集团对外明确集团“变革整合、动态优化、共建共享”的战略思路，深入推进集团化变革整合、实施共建共享发展战略，努力开创公司集团化建设管理新局面。过去几年，中青旅集团坚持产融结合发展道路，金融、旅游、大健康和物流等板块迅速发展，公司实现营业收入、资产总额突破双千亿，已发展成为一个多元化的大型企业集团。

集团将“共建共享”作为未来的主要发展理念，各大板块都将在“共建共享”的理念指导下开展业务，集团财务资金、人力、客户关系等资源，都将围绕“共建共享”建立机制和配套制度。

中青旅集团明确了集团“一纲五案”的总体设计，包含集团管控体系、组织架构优化、战略定位与业务选择、五大事业部（板块）生态布局等内容。集团要求组建跨职能快速决策、执行团队，在集团化变革整合决策委员会的领导下，深刻理解集团战略目标，接受挑战，推进改革，实现多动力联合驱动模式，推动集团更好更快发展。

第二节 集团战略制定“六步法”

制定集团战略，一般分六个步骤：集团战略环境分析、集团战略规划设计、集团整体战略制定、集团总部战略制定、子集团及业务单元战略制定、集团三级战略的目标转化。

一、集团战略环境分析

企业不可能离开环境单独生存下去，必须适应环境的变化和发展，保持与环境的一致性和资源、能力的配套性。只有这样制定出来的战略规划，才能使得企业资源是投放在最为擅长、利用效率最高、最具发展潜力的业务上。

制定企业战略，首先必须做战略环境分析。集团战略环境分析包括外部环境分析、内部环境分析和 SWOT 综合分析。外部环境分析主要包括“PEST”（PESTEL）分析、产业链分析、波特五力模型分析、利益相关者分析；内部环境分析主要包括价值链分析。

案例分析

恒大集团战略管理分析框架

一、恒大集团简介

二、PEST 分析

（一）恒大集团宏观环境分析

1. 政治环境

2. 经济环境

3. 技术环境

4. 社会环境

（二）对恒大集团 PEST 模型分析的结论和建议

三、五力模型分析

（一）五力模型分析

1. 现有企业间的竞争强度分析

2. 新进入企业的潜在进入威胁分析

3. 供应商议价能力分析

4. 顾客讨价还价能力分析

5. 替代品分析

（二）用五力模型分析恒大集团后的结论和建议

四、战略集团图分析

（一）战略集团图分析

1. 战略企业及其主要业务

2. 绘制战略集团图

3. 分析

（二）结论建议

五、资源、能力与持续竞争优势分析

（一）企业资源分析

1. 人力资源

2. 有形资源

3. 无形资源

（二）企业能力分析

（三）企业持续竞争优势分析

六、SWOT 分析

（一）SWOT 分析：优势、劣势、机会、威胁分析

（二）结论建议

管理工具

PEST 分析法、PESTEL 分析法和 SWOT 分析法

PEST 分析是指宏观环境的分析，P 是政治（Politics），E 是经济（Economy），S 是社会（Society），T 是技术（Technology）。在分析一个企业集团所处的背景的时候，通常是通过这四个因素来进行分析企业集团所面临的状况。

PESTEL 分析模型又称大环境分析，是分析宏观环境的有效工具，不仅能够分析外部环境，而且能够识别一切对组织有冲击作用的力量。它是

调查组织外部影响因素的方法，其每一个字母代表一个因素，可以分为6大因素：政治因素（Political）、经济因素（Economic）、社会因素（Social）、技术因素（Technological）、环境因素（Environmental）和法律因素（Legal）。

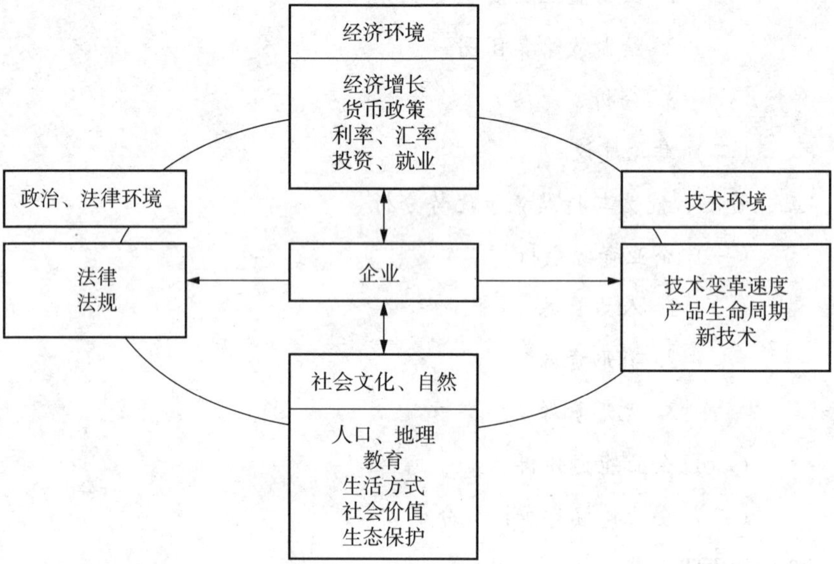

图5－1　PESTEL分析模型

SWOT分析法，即态势分析法，就是将与研究对象密切相关的各种主要内部优势（Strengths）、劣势（Weaknesses）和外部的机会（Opportunities）和威胁（Threats）等，通过调查列举出来，并依照矩阵形式排列，然后用系统分析的思想，把各种因素相互匹配起来加以分析，从中得出一系列相应的结论，而结论通常带有一定的决策性。

案例分析

表5－2 恒大集团SWOT综合分析表

关键竞争要素 / 关键环境要素	优势（S）	劣势（W）
	1. 技术开发能力强； 2. 进入市场较早； 3. 团队管理优势； 4. 产品声誉好； 5. 企业知名度高；	1. 企业负债率较高； 2. 产品线过于丰富； 3. 管理放权问题；
机会（O） 1. 中国属于发展中国家，房地产行业属于增长型行业，发展空间大； 2. 住房贷款环境相对轻松，有能力买商品房的人数在上升； 3. 沿海地带还有很多地方有待开发，商机无限；	SO战略 利用机会发挥优势，在住贷款环境相对轻松环境下抢占国内市场，发挥自身优势；	WO战略 利用机会避开威胁，利用各省市房地产行业所受政府政策影响不一，公司管理层应更多的放权；
威胁（T） 1. 现有房地产企业竞争力强； 2. 品牌的一贯性仍有不足，品牌缺乏核心； 3. 自然灾害的可能性； 4. 一些潜在竞争对手发展得也比较迅速	ST战略 利用优势避开威胁，利用技术开发优势和品牌优势，扩大市场份额，击败潜在竞争对手带来的威胁	WT战略 避免劣势应对威胁，适当缩减产品线，保持品牌一贯性，增强品牌核心竞争力

管理工具

波特五力模型

波特五力模型是哈佛大学商学院教授迈克尔·波特（Michael Porter）于1985年提出的概念。它认为行业中存在着决定竞争规模和程度的五种力量，这五种力量综合起来影响着产业的吸引力以及现有企业的竞争战略决策。五种力量分别为同行业内现有竞争者的竞争能力、潜在竞争者进入的能力、替代品的替代能力、供应商的讨价还价能力、购买者的讨价还价能力。

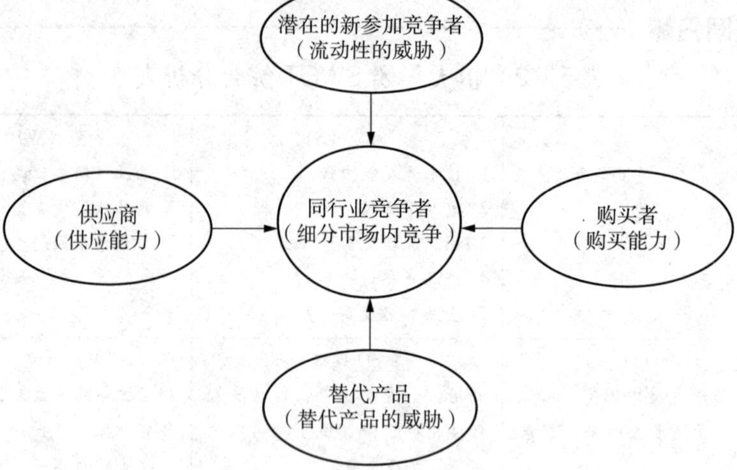

图 5－2　波特五力模型

迈克尔·波特认为，“每一个企业都是在设计、生产、销售、发送和辅助其产品的过程中进行种种活动的集合体。所有这些活动可以用一个价值链来表明。”

企业的价值创造是通过一系列活动构成的，这些活动可分为基本活动和辅助活动两类，基本活动包括内部物流、生产作业、外部物流、市场销售、售后服务等；而辅助活动则包括采购、技术开发、人力资源管理和企业基础设施等。这些互不相同但又相互关联的生产经营活动，构成了一个创造价值的动态过程，即价值链。

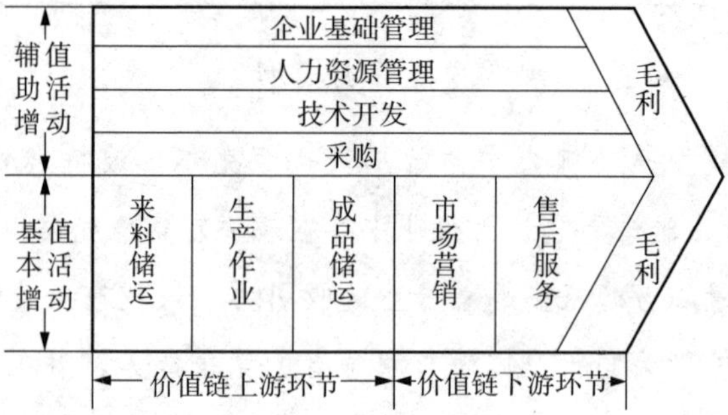

图 5－3　价值链

二、集团战略规划设计

集团战略规划设计包括发展定位与战略目标、产业组合与协同分析、资本运营战略、能力建设与资源保障。

（一）发展定位与战略目标

首先，确定集团的经营哲学，包括远景、使命、价值观。

其次，确定集团的总体战略定位和发展原则。

最后，明确集团总体战略方针、总体战略发展目标、总体战略发展路径、战略发展阶段性目标等关键问题。

（二）产业组合与协同分析

基于集团基本定位、总体战略目标，从战略层次、产业规划、空间布局、时间跨度、风险管控等维度，对产业进行分析、定位、规划、组合和管理；发挥集团产业组合、协同作用和行业整合优势，设计集团各产业阶段性目标和实现路径。

案例分析

国旅集团整体并入港中旅集团公司

2016年，经报国务院批准，国旅集团整体并入港中旅集团公司，成为其全资子公司。

港中旅集团是中央直接管理的国有重要骨干企业，2011年成为董事会试点企业，实行集团、板块公司（七个板块公司：旅行社、酒店、景区、地产、金融、物流、资产）、专业公司（项目公司，主要经营载体）三级管控架构。

国旅集团纳入合并报表范围企业总数232家，业务涵盖旅行服务、免税品经销、旅游综合项目开发与管理、交通运输、电子商务等领域，目前已形成旅行社、旅游零售和旅游综合项目投资开发三大主业。

两家集团的合并，对两家集团的产业进行重新分析、定位、规划、组合和管理，通过产业组合、协同作用、行业整合优势和规模经济，定能产生“1+1>2”整合效应。

（三）资本运营战略

首先，明确资本运营战略是集团战略落地的关键；

其次，对资本运营进行整体规划，搭建资本运作平台，统一组织、管理各分子公司的资本运作，实现最大的资本运营效率；

最后，更深层次，集团关注产融结合，把产业资本和金融资本相结合。国内“从产到融”模式图详见表5-3：

表5-3 “从产到融”模式表①

模式类型	模式特点
产融合作型	依托产业集团或企业的存贷款、结算、信托、债券发行、股票上市、并购重组、财产及员工保险等相关业务，实施产融合作。
内部金融型	内设财务公司等金融机构，围绕集团主业，面向成员企业开展金融服务。
获利投资型	对外部金融机构进行“获利投资”，不控股，也不主导。
金融控股型	新设或收购银行、证券、保险、期货等金融机构，甚至主导其经营

案例分析

70亿投资文旅项目，陕旅集团重塑七大产业板块②

成立20年来，陕旅集团确立了“创新驱动转型升级，全产业链发展”的战略目标，形成了陕旅的“三级架构、两级管理”的管控模式，实现七大业务板块和文旅融合发展的道路。

1.“三级架构、两级管理”模式

2012年以来，陕旅集团通过横向同业合并，按板块设立七个专业化的二级集团公司，压缩层级形成了目前的“三级架构、两级管理”的模式：

① 产融结合专题（一）：产融发展趋势［EB/OL］. 搜狐网.

② 新旅界.70亿投资文旅项目，陕旅集团重塑七大产业板块［EB/OL］. 和讯网，news. hexun. com/2017-10-19/191286804. html.

陕旅股份板块、骏景板块、睿景板块、延安板块、西安板块、唐城资产板块、中金旅板块。

2. 立足陕西

(1) 完成了“资本 + 资源 + 全产业链”整合重组：推广“长恨歌模式”，加强实景演出的核心竞争力。建成开放白鹿原影视城、两汉三国遗址文化区、诸葛古镇和圣地河谷等项目，未来将建成7个项目。

(2) 实现多景区的一体化经营：实现临潼骊山景区、华清宫景区、宝鸡周原景区、岐山文化景区、渭南华山景区和少华山森林公园等景区的一体化经营；整合陕北地区的壶口景区、陕南地区的武侯祠与诸葛古镇。

(3) 推广《长恨歌》实景演出模式：推出《唐乐宫》《长恨歌》《延安保育院》《二虎守长安》《黑娃演艺》《西安事变》《法门往事》《黄河大合唱》等演艺项目。

3. 走出陕西，走出国门

走出陕西，在三亚打造《红色娘子军》；走出国门，打造《马可波罗》《吴哥王朝》等演艺项目。

(四) 能力建设与资源保障

集团战略规划的关键部分之一是集团能力建设与资源保障。为了保障战略实施落地，集团公司需要规划战略实施能力建设和资源保障，包括：客户开发和管理能力、技术研发能力、生产能力、供应链管理能力、资金保障能力、并购与资本运作能力、风险控制能力等。

要从战略目标中提取战略实施关键成功驱动要素，提炼战略措施所需要的能力和资源保障。更具体一些，要分析以下几个要点：集团未来三年或五年主要目标是什么？关键的驱动要素是什么？为达到这样的目标，企业需要在内部运营核心能力及资源方面做出怎样的建设规划？

三、集团整体战略制定

集团公司战略一般分为三个层次：集团公司整体战略、集团总部战略和子公司及业务单元战略。

集团整体战略是指为实现集团总体目标，对集团未来发展方向做出的长期性战略和总体性战略。它是统筹集团总部战略和子公司及业务单元战略的全局性指导纲领，是集团战略的“顶层设计”，它高屋建瓴地整理集团所有产业的战略规划。

集团整体战略分三部分：集团整体战略内容、集团战略目标和关键路径和集团战略实施计划。

（一）集团整体战略内容

集团整体战略包括集团基本战略产融组合、产业组合、集团能力培育等；集团整体战略可以继续细分为：集团整体发展模式、产业选择、组合与协同、发展模式、竞争区域、资源获取、资本运作、生产经营、人力资源战略、集团品牌与营销定位等战略内容。

（二）集团战略目标和关键路径

除了所有产业的战略规划外，集团整体战略还涉及各产业战略目标及实现目标的关键路径。

（三）集团战略实施计划

集团战略实施计划包括实施集团战略的主要控制点、资源配置的要求。集团战略实施计划还要起到与“集团总部战略和子集团业务单元战略”对接的作用。集团战略实施计划包括控制目标、主要控制点、特定政策、战略实施计划的制定流程等内容。

案例分析

中国人保集团实施创新驱动发展战略

2018 年 6 月 28 日，中国人民保险集团“新时代、新人保、新发展”创新驱动发展战略发布会在京召开。人保集团制定的创新驱动发展战略分为两个阶段性目标，第一阶段参照集团数字化战略时间节点部署，明确了“到 2022 年，跻身国内创新型金融保险集团前列”；第二阶段明确了“到

2025年，跻身国际创新型金融保险集团前列”的目标，即集团整体创新体系更加完备，创新活力竞相迸发，创新成果不断涌现，形成多主体协同、全方位推进的创新局面，实现集团发展的主要动力由要素驱动向创新驱动转变，在国际金融保险集团中具有领先的创新发展能力。

为实施创新驱动战略，人保集团还确立了“3411工程”和“四根梁”的主要创新方向，即科技创新、服务创新、商业模式创新和管理创新。

1. “3411工程”

“3”是推动财险、寿险、健康险3家子公司转型，并制定明确的转型目标和要求；

“4”是实施四大战略，包括创新驱动发展战略、数字化战略、一体化战略和国际化战略；

两个“1”是打好1场中心城市攻坚战以及守住1条不发生系统性风险的底线。

2. 创新驱动发展战略

创新驱动发展战略就是通过科技创新、服务创新、商业模式创新、管理创新推动转型，呈现“新人保”。中国人保集团董事长缪建民表示，创新驱动发展战略是集团最重要的战略，是公司推动三大转型、打好中心城市攻坚战、守住不发生系统性风险底线的重要支撑。

（1）科技创新

在科技创新方面，聚焦三类科技赋能：一是赋能客户服务的线上化改造，推动线下服务模式向线上服务模式转变；二是赋能资源的平台化共享，通过建设前中后端统一的客户触面平台、运营共享平台、数据集成平台；三是赋能业务流程的智能化升级，加快人工智能、大数据、云计算等技术在保险全流程、多领域的智能应用等。

（2）服务创新

在服务创新方面，中国人保打造四维服务格局，实施大服务战略，以发展现代保险服务业为主要方向，实现保险服务模式从提供简单经济补偿向规划全面风险解决方案转变。

（3）商业模式创新

在商业模式创新方面，布局四大生态体系，从客户实际需求出发，开展跨界产业链整合，布局“消费生活、车主、健康养老、‘三农’”四大生态圈，构建以客户为中心的串联产业服务链。

此次发布会首次披露了包含131个项目的创新驱动发展战略实施项目全景图。其中，2018年会完成产品智能推荐、车险芯定损、保险在社会治理中的智慧应用等48个重点项目。

（4）管理创新

在管理创新方面，人保夯实“六化管理”支撑：一是夯实专业化的发展能力，坚持“做优主业，做精专业；聚焦主业，突出专业化”价值创造。二是形成差异化的区域发展模式，推动差异化资源配置与考核机制的落地，探索分支机构创新授权机制。三是构建精细化的经营管理能力，加强各级机构在销售管理、运营管理、服务管理、财务管理和风险内控管理等方面的精细化管理能力和精细化资源配置能力。四是建立敏捷化的市场响应机制。以客户为中心，缩短管理链条，优化资源配置，提高管理效能。五是深入推进集团一体化建设，以“资源整合”为抓手，以“信息资源整合”夯实集团一体化发展基础，建立“投资与保险板块”之间的一体化响应机制。六是打造科学化的党建平台载体，探索运用新模式、新手段，做到党建共建共享、业务互帮互促。

四、集团总部战略制定

集团总部战略是集团整体战略在集团总部层面上按照模块维度进行横向分解，分解为发展战略（产业战略）、竞争战略、组织战略、营销战略、品牌战略、研发（R&D）战略、供应链战略、生产战略、财务战略和人力资源战略等各个模块。

（一）集团总部战略目的

集团总部战略解决的是：各职能部门支持集团业务发展的总体原则、

职能发展目标与主要阶段、职能战略关键举措、计划与预算、上一级职能战略与下一级职能部门之间的对应关系。

（二）集团总部战略模块

集团总部战略主要涉及总部定位、总部组织架构设计、总部职能拓展、总部能力建设四部分。总部定位是企业集团内各层次机构之间功能定位的前提和依据。在不同类型的管控模式下，集团总部的功能定位和主要职能也会有所不同。

（三）集团总部战略内容

总部职能战略包括发展战略（产业战略）、竞争战略、组织战略、营销战略、品牌战略、研发（R&D）战略、供应链战略、生产战略、财务与资本运营战略、人力资源战略和集团文化战略等各个模块战略。

（四）制定集团总部战略

第一步，根据集团总体战略、治理模式和管控模式，确定总部定位和职能部门组织架构。

第二步，根据集团整体战略目标，确定集团总部各职能部门职能，明确各职能部门战略目标和能力建设目标。

第三步，根据集团总部职能部门战略目标，确定各职能部门之间的战略协同体系。

第四步，将集团总部职能部门战略目标和子集团（业务单元）战略目标进行纵向协同和对接，明确部门职能所涉及的主要流程。

五、子集团及业务单元战略制定

子集团及业务单元战略制定就是将集团整体战略按照层级维度纵向分解为集团公司战略目标、子集团级业务单元战略目标。所以，子集团及业务单元战略是在集团整体战略的指导之下做出的，它主要是对集团的各子集团和业务单元战略进行规划。

子集团及业务单元战略是对集团战略的继承、细化和发展。制定子集团及业务单元战略和制定集团整体战略的操作步骤基本相同，也包括战略环境分析、战略框架建设和战略制定三方面内容。其中，战略环境分析同样包括外部环境分析、内部环境分析及SWOT综合分析三大内容。战略环境分析工具仍可运用PEST（PESTEL）、五力模型、价值链、SWOT分析。

管理工具

各层面战略之间的协同关系

我们在进行战略环境分析、战略制定时，必须分析集团与子集团（下属业务单元）、下属业务单元之间的战略协同关系。协同关系分为纵向协同和横向协同。

（1）纵向协同

集团整体战略、集团总部战略和下属业务单元战略之间，存在着继承关系。三者之间从纵向上协同。

（2）横向协同

集团内，不同产业之间，横向上存在着产业组合、协同关系。

（3）纵向横向上双重战略协同。

六、集团三级战略的目标转化

将各层级和各模块的战略目标分解相应层级和模块的年度经营目标和经营计划。这一步骤是战略实施承上启下的关键步骤。如果战略没有转换成可以衡量的目标计划，那么战略实施没有了反向，实施效果就没有了标准。

为了更加系统地完成三级战略向经营计划的转变，集团一般借鉴平衡计分卡的思路，这样不容易丢项、漏项。平衡计分卡分别从财务管理、客户管理、内部运营、学习成长四个维度提出关键目标，然后从上到下，从集团到子公司及下属业务单位做好目标转化、对接，分解成年度经营目标和经营计划。

第三节　国有集团应如何做好战略规划

由于国有集团的产权特殊性和承担的国家或地方政府的经济、社会责任，在制定国有集团的战略规划时候，就有了一定的特殊性。

首先，集团战略要符合国家或地方大的产业路线、政策、方针，响应国家号召，适应宏观形势与产业趋势的变化，与国家或地方发展规划方向相一致。

其次，国有集团发展战略要为国家层面或地方政府的战略目标服务，抓住国家或地方产业振兴有利时机，紧扣国家或地方政府的宏观战略和五年经济规划，扮演好经济改革与发展中流砥柱的角色。

再次，如何在最大化经济效益的前提下，更好地承担社会责任？

最后，满足国家或地方宏观产业政策一致性的前提下，制定企业发展战略：子公司及下属业务单元在集团整体战略中如何发挥作用，如何匹配与承继集团整体战略？如何设计集团与子公司及下属业务单元的管控关系？集团如何对及下属业务单元进行资源输出、支持与管控？如何处理同级兄弟企业之间的业务竞争问题与协同关系？

案例分析

中建一局集团战略发展分析目录①

第 4 章　中建一局集团的战略分析

4.1　企业发展目标

4.2　企业外部环境

4.2.1　宏观环境

4.2.2　微观环境

① 易择郑．中建一局集团战略发展分析[EB/OL]．百度文库，https://wen ku. bai du. com/view/735e7da1fe 4733687fz1aa35. html.

4.3　企业内部环境

4.4　SWOT 分析

4.4.1　中建一局集团面临的机会

4.4.2　中建一局集团面临的威胁

4.4.3　中建一局集团的优势

4.4.4　中建一局集团的劣势

第 5 章　中建一局集团的战略规划

5.1　发展战略的选择

5.2　发展战略的实施措施

5.2.1　重视人力资源的积累

5.2.2　提高管理水平和运营效率

5.2.3　优化产业结构

5.2.4　深化企业文化

第六章

“5D+1C”模型的集团治理机制

“集团治理机制”是集团管控体系模型的第二个维度，是集团管控实施的基础。设计好集团公司高度统一的战略规划之后，就要思考“如何为集团公司设计一套统一、合法的集团治理机制”，为集团管控的实施提供政治基础、法律保障、权力分配与制衡的平台。

第一节　公司法人

要理解集团公司的治理机制，首先了解什么是公司法人和法人治理结构。

按照《公司法》和《民法通则》规定，公司法人是指依照公司法设立的，有独立的财产，能够依自己的名义享有民事权利、承担民事义务，并以自己的全部财产对公司的债务承担民事责任的企业组织。

通过上面的司法解释，我们可以看出来：公司法人是指依法成立、具有独立法人资格的经济组织。通俗地讲，公司法人是对经济组织的拟人化称呼，也就说公司法人“既是人，又不是人”。

首先，“法人不是人”，与自然人不同，是一种无生命的经济组织。

其次，“法人又是人”，是把公司人格化了。公司具有法人资格，取得独立的民事主体资格，真正成为自主经营、自负盈亏的生产者和经营者。

它在法律上拥有独立的人格，像自然人一样具有完全的权利能力和行为能力。

第三，公司法人应当独立对外承担民事责任，而股东仅以出资额为限对公司承担有限责任。

管理工具

有限责任公司和股份有限公司

根据我国《公司法》的规定，我国的公司法人包括两种基本类型：有限责任公司和股份有限公司。

有限责任公司是指由50人以下的股东组成的公司法人，股东以其出资额为限对公司承担责任，公司以其全部资产对公司的债务承担责任。

股份有限公司是采取发起设立或募集设立的方式成立的公司法人，全部资本分为等额股份，股东以其所持股份为限对公司承担责任，公司以其全部资产对公司的债务承担责任。

法人、法定代表人和法人代表

1. 法人

具有民事权利能力和民事行为能力，依法独立享有民事权利和承担民事义务的组织。法人的实质，是一定社会组织在法律上的人格化。按照我国《民法通则》规定，可以将法人分为企业法人与非企业法人两大类，其中非企业法人包括机关法人、社会团体法人和事业单位法人。

2. 企业法人

企业法人指以营利为目的，具有民事权利能力和民事行为能力，依法独立享有民事权利和独立承担民事义务的经济组织体。它具有国家规定的独立财产，有健全的组织机构、组织章程（如董事会章程和公司章程）和固定场所，能够独立承担民事责任，享有民事权利并承担民事义务。

3. 法定代表人

《民法通则》规定："依照法律或者法人组织章程规定，代表法人行使职权的负责人，是法人的法定代表人。"法定代表人是真正意义上的

“人”，是代表法人组织从事业务活动、行使职权的“自然人”，是法人组织的负责人。它代表企业法人的利益，按照法人的意志行使法人权利，对外代表企业，全权处理一切民事活动。

4. 法人代表

法人代表不是一个独立的法律概念，在《民法通则》和《公司法》中没有任何正式体现，只是一个通俗的说法。通俗地讲，法人代表是根据法人或法定代表人授权，对外代表法人，依法行使民事权利和义务的人。法人代表依授权而产生，实质上是依照代理关系，代表法人对外进行民事活动。任何法人内部的工作人员，甚至除法人以外的其他个人或组织，都可以被授权为法人代表。

第二节 公司法人治理结构

“治理”这个词最早出现在政治学领域，就是我们常说的国家治理，即政府如何运用国家权力来设计国家政体、分配权力并相互制衡，来管理国家和人民。后来，“治理”这个词延伸应用到公司管理，被称为“公司治理”。

一、法人治理结构

为了使公司法人有效地活动起来，具有决策能力、管理能力、行使权利、承担责任等功能，需要为公司设计适应的组织体制和管理机构，这就是我们通俗意义上的“公司法人的治理结构”。

通俗地讲，公司法人治理结构就是设计一套政治结构来治理公司法人。它研究的是“如何设置和运行公司权力机关，如何处理权力机关之间的法权关系，使权力能够在各机构之间得到有效的分配和制衡”。

按照《公司法》的规定，法人治理结构由股东会、董事会、监事会和经理层（简称“三会一层”）组成。也就是说，公司法人治理结构处理的是“公司内部股东、董事、监事及经理层之间的权力分配和制衡关系”。

二、委托代理关系和监督制衡关系

（一）两权分离是“委托代理关系”产生的直接原因

刚刚创业的时候，大部分公司规模很小，公司的股东既是公司的所有者，又是公司的经理层。公司聘请了一些家族成员作为员工，此时委托代理关系不明显。但是随着公司的发展，规模的扩大，由于精力、能力、专业性等原因，大部分股东慢慢退出管理层，公司逐渐交给“职业经理人”来经营。此时，公司的所有权和经营权分离。股东继续拥有企业所有权，通过股东会和董事会参与公司管理，董事会聘请职业经理人负责公司经营。这时候，股东与董事会之间、董事会与经理层之间就产生的双重委托代理关系。在董事会的授权下，经理层负责公司经营，努力提高公司经营效益，保证投资者（股东）的投资收益。所以，法人治理结构中包含着“委托代理关系”。

（二）信息不对称是“监督制衡关系”产生的直接原因

由于信息不对称，经理人有可能控制了企业的经营权或滥用经营权，最终形成内部人控制，侵犯股东权益，因此，董事会对经理层还要进行权力管控、制衡和监督。所以，法人治理结构中包含着“监督制衡关系”。

三、公司法人治理结构

通过上述内容，总结公司法人治理结构如下：

（一）公司法人

就是把公司人格化。这样公司就有了生命，可以独立承担民事责任，享受民事权利；

（二）公司法人治理结构

就是支撑公司法人“站立、行走、奔跑”的骨骼系统。人体系统中的各种骨骼、关节与韧带，起着“支持躯体、保护重要器官、供肌肉附着、作运动杠杆”的作用。与之类似，公司法人治理结构就是研究法人“骨骼系统如何运动，与人体其他系统如何配合，又如何相互制衡”，目的是支撑整个法人，协调和制衡各部门的运营动作，保障公司正常运营。

（三）公司法人治理结构

就是以股东会、董事会、监事会、经理层等为主体，通过其相互制衡来达到治理的目的，具体包括“三会一层”之间的权力分配、组织配合和制衡，既要协调一致，又要相互制约。

（四）法人治理机制

包括股权结构、股东会议事规则、董事会议事规则、监事会议事规则和经理层激励与约束机制等内容。《公司章程》是体现公司法人治理结构的核心文件。公司章程是公司组织与行为的基本准则，是公司成立的基础和公司法人治理的灵魂，是企业所有者与经营者权利和义务的具体化安排。它包括股权结构、股东权利、董事会功能、每个发展阶段的决策程序、监控程序、委托—代理契约、风险规避措施等一系列制度规定。

（五）股东（大）会

是公司权力机构。以有限责任公司为例，按照《公司法》规定，股东会由全体股东组成，是公司权力机构，依照公司法行使职权。

（六）董事会

是公司法人治理结构的核心。依公司法和章程规定，董事会的主要职权包括审议并批准公司的战略和主要决策，监督控制公司经理层的运营状态，监督公司财务管理系统等内容。

（七）监事会

直接对股东（大）会负责。监督董事会和经理层履行职责的情况，协调他们之间的关系，是公司少走弯路，可持续经营与发展的重要保障。

管理工具

董事会章程和公司章程

公司章程，是指公司依法制定的、规定公司名称、住所、经营范围、经营管理制度等重大事项的基本文件，也是公司必备的规定公司组织及活动基本规则的书面文件。公司章程是股东共同一致的意思表示，载明公司组织和活动的基本准则，是公司的“宪章”，是公司所有方向性文件和框架性文件的基础。

为实现集团公司管控的目的，集团公司应重视《公司章程》等文件的制定：明确股东的各项权利和义务，依法享有经营管理、投资收益、重大事项决策的权利及监督管理权；明确股东会、董事会、监事会和经理层职责，便于日后参与管理和实施监督，保障内部审计鉴定和评价结果能够在子公司顺利贯彻。

公司章程具有法定性、真实性、自治性和公开性的基本特征。公司章程与《公司法》一样，共同肩负调整公司活动的责任。作为公司组织与行为的基本准则，公司章程对公司的成立及运营具有十分重要的意义，它既是公司成立的基础，也是公司赖以生存的灵魂。

董事会章程是为明确董事会职责权限、工作制度及其应负责任而制定的书面规章和实施细则。其内容大体包括：①董事会的组成、地位和权力；②董事长、副董事长、董事的地位、职权及产生办法；③董事会召开的时间、形式、程序；④董事会决议的产生与执行；⑤董事的任期和待遇；⑥董事会文件材料的记录保管，等等。董事会章程需由股东大会讨论决定。

可见，董事会章程和公司章程并不是一回事，两者既有联系又有区别：

1. 从性质上看，公司章程是法律文件，而董事会章程是内容规定，它们的法律效力和范围不同。

2. 从规范的对象看，公司章程是股东、董事、监事和高级管理人员的法律文件；董事会章程只能规范董事，最多涉及股东的约定。

第三节　法人治理机制

通俗地讲，公司法人治理机制是如何治理公司法人或者是公司法人如何被治理的机制，目的是控制公司、带领公司和管理公司。从管理学意义上讲，法人治理机制又称为“公司治理体系（系统）”，是关于公司治理、权力分配与制衡的一系列法律、政策、机构、程序、流程、制度、惯例等内容的总称。

综上所述，公司治理是指所有者（主要是股东）通过一系列制度安排，在所有者和经营者之间做好权利分配和责任界定；根据经营结果，对经理层进行激励、监督与制衡。法人治理机制的目的是防止经理层与董事会（股东）利益背离，形成经理层内部人控制，最终目的是保证股东利益最大化。

法人治理机制包含公司治理结构与监管体系，具体包括股东结构、股东（大）会议事规则和运行机制、董事会议事规则和运营机制、监事会议事规则和运营机制、经理层激励监督机制、公司各管理模块的运行和监管机制等。

随着管理的实践，公司治理结构和法人治理机制、制度不断完善，最终形成一套相互联系、相互支撑、相互制衡的法人治理机制体系。

管理工具

双重股权结构

双重股权结构，也称为AB股制、二元股权结构，上市公司可以将股票分为A、B两个系列，其中对外部投资者发行的A系列普通股，A股每股代表1票投票权，而对创始团队和管理层发行B系列普通股，每股则有N票（通常为10票）投票权。设置AB股的目的正是通过同股不同权来保证创始股东团队对公司的管控权。

案例分析

股权设计对集团管控的影响
——以京东为例

根据公开信息显示，截至2016年2月29日，腾讯在京东集团持股比例为18%，但只拥有4.2%的投票权。通过Max Smart Ltd，刘强东在京东集团占股16.2%，同时通过Fortune Rising Holdings Limited，刘强东持股2%，合计持股18.2%，却拥有京东集团80.9%的投票权。腾讯增持京东集团后，对刘强东管理权的影响几乎可以忽略不计。刘强东是如何做到用较少的股权，获得了较大公司投票权和管理权？

1. 股东投票权委托

2007年8月，京东拿到今日资本1000万美元。从那时候开始，京东集团持续多轮融资，创始人刘强东在融资过程中失去了大量股权。在京东IPO之前，通过Max Smart公司，刘强东持有京东18.4%的股份；同时，通过Fortune持有1亿股（用于京东管理层、员工及其他顾问的股权激励）。而在外部股东中，老虎基金持有22.1%的股份；HHGL和DST全球基金，分别持有15.8%和11.2%的股份。刘强东持股比例已低于部分投资机构，不过刘强东通过代行使投票权掌握话语权。投股说明书显示，DST全球基金、红杉资本、Insight funds在内的多家投资机构都将投票权委托给刘强东控制的Max Smart代为执行。

2. AB股制

在IPO之后，根据股东同意的新公司章程，京东建立起双重股权制度（AB股制）。按照双重股权制度规定，Max Smart、Fortune和刘强东及其附属机构持有的股份可按1∶1的比例转换为B类普通股，每1股享有20份投票权；而其他普通股则只能按1∶1转换为A类普通股，每1股享有1份投票权。

第四节　集团治理机制

通俗地讲，法人治理机制是如何治理法人或者是法人如何治理，即如何设计股东会、董事会、监事会和经理层的权力分配和制衡关系。与之相类似，集团治理机制是指一组连接并规范集团各级股东会、董事会、监事会、经理层及其他利益关联者彼此间权、责、利关系的制度安排，包括权力的分配和平衡、对下属子集团（子公司）的管控、协调和监督。

一、集团治理机制的内涵

集团治理机制包含的内容更加广泛，主要包括五部分：①股权层面问题；②“三会一层”功能设计；③“三会一层”权力分配、制衡和集分权问题；④“三会一层”的内部激励和监督问题；⑤对下属公司管控与协调，包括激励机制、监督机制、管控机制和协调机制。

（一）股权层面问题：主要涉及股权结构和外部收购机制

1. 股权结构问题

股权结构问题是集团法人治理机制的基础。在集团公司，股权就是话语权、决策权，是“三会一层”权力分配的基础，是股东会、董事会的议事规则和公司章程制定基础；股权也是对子公司管控的基础，对于战略定位重要、集团核心竞争能力影响重大的子公司，集团公司采取独资或者绝对控股。

2. 外部收购机制

如果法人治理机制运转不良，公司经营不善，造成公司严重亏损，难以持续经营，最终造成公司破产、清算或者被收购；或者对于公开上市公司，股价下跌，被其他公司（或利益相关方）通过大宗交易或者二级市场收购，最终导致公司控制权易手。

（二）“三会一层”功能设计问题

1. 委托代理机制

公司内有两层级的委托代理关系。第一个层级是股东会和董事会之间的委托代理关系；第二个层级是董事会和经理层之间的委托代理关系。

2. 董事会的职能

集团公司董事会，即代表着管理总部，又代表着出资人。董事会对于董事、经理层和投资控股的子公司，都起着决策与督导作用。例如，发展战略决策、产业决策、投资决策等重要战略决策的制定和监督执行；决定全集团的经营方针、发展规划和投资计划；决定集团重要人事任免和报酬事项；审议和批准集团的年度财务预算方案、决算方案、利润分配方案和弥补亏损方案；审议集团重要改革方案和管理制度的制定和修改；对单位性质变更、合并、分立、重组、解散和清算等事项作出决议；其他重大事宜的决策表决；

另外，在董事会设计独立董事制度，目的是保护中小股东的权益。

3. 董事会决策机制

集团公司董事会是集团的决策机关，集团治理机制中很重要的是董事会的表决程序。同时，要有一定数量的专业委员会（常设的专业委员会一般有四个）：战略与投资规划委员会、薪酬委员会、提名与考核委员会和技术委员会。这些专业委员会在董事会的决策中起着关键性的专家作用。

4. 董事会内部控制

相对于有限责任公司，董事会的内部控制机制在股份有限责任公司里更突出。在公司董事会内部，股东成分越来越复杂，不同的股东代表不同的利益方。通过 AB 股制或者一致行动人协议等行为，各方股东争夺其他股东的委托表决权，获得董事会的控制权，对公司重大事项进行表决，包括替换集团经理层等，形成特殊的监督机制。

5. 监事会的职能

一套完整而有效的监事会制度主要起到以下作用：保护中小股东及其他利益相关者的权益；制衡集团公司董事会的权力，监督其决策管理行为；监督高级经理层的经营行为；

（三）“三会一层”权力分配、制衡和集分权问题

集团公司是由三个层级构成：集团公司、二级事业部和子公司。每个层级都会全部涉及或者部分涉及法人治理结构的“三会一层”。“三会一层”的权力分配和制衡关系又包括两个层面：层级内的“三会一层”和层级间的“三会一层”。

集团治理机制主要解决的是集团公司、二级集团、子公司层级内的和层级间的法人治理结构，整合层级内和层级间的股东会、董事会、监事会和运营层之间权力分配和制衡关系，解决好集分权问题。具体包括各层级股东（大）会议事规则、董事会议事规则、监事会议事规则、经理层激励监督机制等。

（四）“三会一层”内部激励机制

与两层级委托代理关系相对应的，公司设计两层级激励机制。第一级激励机制是用来激励董事；第二级激励机制是用来激励经理层。激励机制的目的是激励董事和经理层努力为企业创造价值，减少道德风险。有效的激励机制是现代公司治理结构的核心，目的是通过激励，促使股东利益、公司经营目标和经理层个人收益三者利益的最大化，实现公司经营发展目标和出资人利益相一致的目标。激励的方式包括股权激励和薪酬激励。

（五）“三会一层”内部监督机制

与两层级委托代理关系相对应的，公司设计两层级监督机制。第一级监督机制是如何监督制衡董事；第二级监督机制是如何监督制衡经理层。对董事的激励和监督包括股权激励和董事问责制度；对经理层的激励和监督包括股权激励、薪酬激励和绩效考核等监督。监督与制衡机制目的是监

督和评价董事和经理层的经营管理行为，形成相互制衡的权力分配体系，使股东利益、公司经营目标和经理层个人收益三者利益相互制衡。在法人治理机制中，公司内部的监事会、审计部或党委（若为国有企业）等监督机构与外部审计一起，共同形成监督体系，负责对董事会、董事和经理层的经营管理行为行使监督职责。

1. 董事问责制度

首先通过股东大会建立起董事长及董事的目标责任体系并配之以严格的责任考核与奖罚制度。公司绩效不佳，依次追究董事长、执行董事、董事的责任，包括经济处罚，行政降级，引咎辞职、取消董事资格，触犯刑律的要送交司法机关。

2. 监事会作用

发挥监事会独有的作用，将监事问责权力制度纳入集团公司法人治理机制中。

（六）对下属公司管控与协调，包括激励机制、监督机制、管控机制和协调机制

多层级公司（集团—二级事业部—子公司）之间管控与协调包括运营管控、利益协调、母子公司的集权分权、激励机制和监督机制。

二、集团治理机制与单体企业法人治理的共同点和区别

造成集团治理机制与单体企业法人治理区别的原因在于集团内部多级法人制。在集团内部，集团下属集团（子公司）服从于集团整体利益，集团公司的治理自然就有了特殊之处。但两者之间也有共性，集团治理机制属于企业法人治理机制的继承和发展。

（一）集团治理机制与单体企业法人治理共同点

1. 都设有“三会一层”：股东（大）会、董事会、监事会和经理层；

2. 都需要在“三会一层”之间进行权力划分和相互制衡。

（二）集团治理机制与单体企业法人治理的区别

表6-1 集团治理机制和单体企业法人治理之间的差别

	单体企业法人治理	集团治理机制
治理机制	委托代理层次单一	委托代理多层次性
治理理念	更倾向于竞争、制衡	更倾向于和谐、合作
治理实质	“三会一层”的权力制衡机制	“三会一层”对下属集团（子公司）的管控关系、集权分权程度
治理范围	治理边界与法人边界基本相同	治理的边界大于公司的法人边界
治理的双重性	治理结构具有内部的单一性	具有双重性：集团内部各企业有各自治理结构+外部治理
企业运行基础	两权分离后的代理问题	代理问题+下属集团（子公司）控制和利益协调
管控工具	激励机制、监督机制	激励机制+监督机制+控制+协调
董事会层级与地位	只有一个董事会	多层董事会；集团公司董事会位于顶层，是集团的战略管理中心；子公司董事会是集团的战略实施单位
专门委员会设置	设置各专门委员会动力相对不足	设置各专门委员会的积极性和必要性高
委托链长度	委托关系简单，委托链短	集团经理层将股东委托的一部分经营权再委托给子公司的经理层，委托代理链长
信息对称性	信息相对对称	严重信息不对称，责权不对等，利益不一致

三、集团治理机制的作用

集团治理机制是集团公司管理与内部控制的根源，也是集团管控的基础。在明确了集团的战略规划、解决了“集团往何处”的问题之后，集团公司就要首先设计一套集团的“政体”。只有设计好了集团的“政体”，明确公司的“政治、统治形态”，集团内的公司才能明确采取什么样的方式来组织自己的权力机关，进行统一的权力分配和制衡，才能为集团管控提供更好的“政治体制”安排。集团治理机制的作用如下：

（一）法人治理结构是公司制度的核心和基础，是现代企业制度中最重要的组织架构。集团治理机制就像国家的政体，为集团管控实施提供长期稳定的政治环境和法律保障基础。

（二）它对集团公司、二级集团和子公司的多级法人治理结构的“三会一层”进行统一整合，对各级法人治理结构进行权力分配和制衡，最终目的是“通过合法的程序实现对二级集团和子公司独立法人的控制。”只有明确了“三会一层”的权力分配、制衡和利益分配机制，集团公司才能继续解决集团管控中的组织架构设计、管控的框架和边界，制定各项管控流程和制度。

（三）除了对子公司独立法人的控制目的之外，集团治理机制还能为集团公司内各级公司之间的职能制衡提供基础保障。

（四）集团治理机制的本质是通过集团内“三会一层”权力机关相互之间的权力制衡和多层级公司（集团—二级事业部—子公司）之间的职能制衡来进行集团公司管控运作。

综合上面分析，我们可以看出来，集团公司是集团内各级法人（或虚拟集团、分公司）通过产权纽带，根据一系列的契约安排在一起的有机组合。集团法人治理机制就是通过规范各层级的权力分布和制衡，有效约束各层级内部以及各层级之间的商业博弈行为，使集团内部各机构方向一致、目标一致、行为一致、利出一孔，共同追求企业价值最大化。

第五节　集团治理机制设计的“九步大法”

集团公司具有多公司法人、多管控层次、多产权纽带、多元化产业等特点。随着集团公司的发展，集团层级越来越多，下属企业越来越多，由此带来的公司法人也就越来越多。同时，集团公司收入越来越多，资产规模越来越大，集团公司内部和外部不同主体之间的经济关系越来越复杂。

面对如此复杂的环境，集团公司亟待设立一套行之有效的管控体系。

在“5D+1C”管控体系模型中，集团治理机制是集团管控体系设计的重中之重，是公司管控的政治基础和法律保障。下面我们重点看一下集团治理机制设计的“九步大法”。

第一步：集团战略梳理

战略管控是集团公司管控体系设计的第一个维度，也是其他维度设计的基础。战略解决的是“集团往哪里去”的问题。集团战略管理是企业管理的重中之重，绝对不能战略规划不清晰，或者战略制定与执行朝令夕改，甚至战略制定之后“束之高阁，说一套做一套”。

集团战略也是法人治理机制、管控模式选择和组织架构的基础。通过梳理战略，整理出集团战略对管控模式选择、治理机制和组织架构设计的要求。

第二步：明确集团公司治理目标

一般而言，完善集团法人治理机制有三大目标：

1. 完善集团公司各层级“三会一层”的议事规则，明确“三会一层”的权力分配和制衡关系，使四者之间“责、权、利”明确，为集团公司高效运营提供法律和制度保障，防止经营者对所有者利益的背离，降低公司委托代理成本。

2. 完善集团内部各层级的激励机制、监督机制、控制机制和协调机制，提高运营效率，保证公司利益最大化。

3. 完善集团法人治理机制，保护股东的权利和利益，保证股东价值最大化，增强投资者的信心。

第三步：做好集团公司治理规划

明确集团公司治理目标之后，下一步做好集团的治理规划。集团公司要成立治理改善小组，制定行之有效的集团治理规划。治理规划包括治理机制的规划内容、责任人、完成时间、输出结果、参与讨论、审批发布等环节。

规划内容包括理顺集团公司产权关系、明确集团公司治理层级、梳理（设计、制定）集团公司“三会”的议事规则、制定总裁的职责权限和考核激励措施、子公司层面的“三会一层”权力分配与制衡、集团公司各层级之间的运营监督机制（激励机制、管控机制和协调机制）等内容。

第四步：理顺集团公司产权关系

集团公司产权关系是指企业间的出资与被出资关系。集团公司为出资方，按对二级事业部和子公司的出资额承担有限责任，按出资比例享有选择经营者、做重大决策、享受资产受益等出资者权利，并承担相应的义务。

为了加强集团公司资本金管理，在清产核资、界定产权的基础上，按照《公司法》的有关规定进行产权规范，明确集团公司、二级事业部、子公司的出资人，明确各子公司的产权所属，逐步理顺集团内部产权关系，形成以资本为主要纽带的母子公司体制，规范集团公司产权关系。

除了设计治理机制之外，理顺集团公司产权关系还有助于集团公司选择管控模式。对于集团公司的独资、绝对控股和相对控股子公司，集团公司通过法人治理结构来进行管控，全面参与子公司运营管理，采用运营管控型。对于集团公司参股企业，会派出高管人员进行管控，采用战略管控或者财务管控；对于靠契约协作关系连接在一起的松散层，采用财务管控型。

管理工具

在中国建立母子公司产权关系的方式

在中国，建立母子公司产权关系，可以采用市场方式和产权划转方式。其中，市场方式是指集团公司通过投资入股、兼并收购等方式取得另一法人企业的全部或部分产权，使其成为集团公司的全资子公司或控股子公司，形成母子公司的产权关系。产权划转方式适用于理顺国有企业的产权关系，即政府将一个企业的全部或部分国有产权授权给集团公司持有，形成母子公司的产权关系。若理顺产权关系涉及不同所有制企业时，应采用市场方式；理顺国有企业之间产权关系除了采用市场方式外，也可以采用产权划转方式。

产权管理

除了理顺集团公司产权关系之外，集团公司还需要在产权管理上做到：

1. 要掌握集团公司的产权变动情况；
2. 检查子公司的资产经营状况；
3. 对各子公司的担保或被司法冻结等产权或有变动事项予以备案；
4. 在汇总、分析的基础上，编制集团公司产权登记和产权变动状况分析报告，并上报董事会。

第五步：明确集团公司治理层级

层级管理是指在组织管理过程中，明确各级职位的职责、权力和利益，各在其位、各司其职、各负其责，严格按照组织程序。应用到集团管控中，可以引申出来集团公司管控层级（管理层级）和治理层级（法人层级）。

集团公司管控层级是从行政意义上来说的，是从集团公司最高一级单位到最低一级单位之间设置的层级，可以分为集团、二级事业部、子公司（分公司）。一般来讲，集团公司的管控架构至少设计成三个层级：集团公司—二级事业部—子公司（分公司）。集团管控也就变成了“两级管控”：Ⅰ级管控是集团公司对二级事业部（子集团）的管控；Ⅱ级管控是事业部（子集团）对子公司（分公司）的管控。

集团公司治理层级（法人层级）是指通过投资、控股以及股权比例管理关系形成的治理层级。通俗地讲，治理层级就是所有集团管控单位中具有独立法人的层级。在管控层级中，因为有的层级不具备公司法人资格，是虚拟的集团或者是分公司，所以，治理层级和管控层级既有区别又有联系。

案例分析

关于中央企业开展压缩管理层级减少法人户数工作的通知

2016年，国资发改革〔2016〕135号《关于中央企业开展压缩管理层级减少法人户数工作的通知》明确指出：

1. 有效压缩层级，减少法人户数。力争在3年内使多数中央公司管理层级控制在3—4级以内，法人层级10级以上（含10级）的企业减少3—5个层级，企业法人户数减少20%左右。

2. 打造精干高效管理机构。按照定位准确、职能清晰、流程顺畅、精干高效的要求，科学设置管理层级和职能部门，精简管理部门和管理人员，提高管理效率。

明确了管控层级和治理层级，集团公司继续定义各层级的管理功能和“三会一层”的职能：

1. 各管控层级的管理功能

集团公司管资本，是集团的投资决策中心、资本中心和战略中心；二级集团管资产，是运营指挥中心、利润中心；三级子公司管运营，是运营中心和成本中心。

2. 各治理层级“三会一层”的职能

每一治理层级的“三会一层”的职能都要围绕相应管控层级的主要功能展开。比如集团层的“三层一会”，一会要围绕着集团功能“管资本”展开，使集团公司成为投资决策中心、资本中心和战略中心。二级集团“三层一会”围绕着资产管理、运营指挥、创造利润展开。三级子公司“三层一会”围绕着运营、收入、成本和效益展开。

管理工具

董事会在集团管控的作用

集团公司董事会一般通过以下方式，对子公司进行集团管控：

1. 通过控制、参与子公司股东会、董事会和监事会，对子公司进行管理、协调、监督、考核等职能。

2. 通过制定集团公司《董事会议事规则》，明确重大事项的报告制度和审议程序，并严格按照授权规定审议。目的使集团公司董事会成为真正的决策层，经理层成为执行层。

3. 集团公司董事会应当成立战略投资委员会，必要时注重寻求外脑的帮助，对下属公司提供战略规划指导。子公司董事会更多强调忠诚、勤勉、主动地维护出资人的利益。

4. 集团公司总部各职能部门帮助子公司董事会设计规范的内控制度。

第六步：设计议事规则和公司章程

设计好各治理层级“三会一层”的议事规则、董事会章程和公司章程。按照治理层级，从上到下，三会一层的议事规则、董事会章程和公司章程应该是“上下一致，承接继承”，设计思想、操作思路都应该高度一致，提高治理效率和效益。

案例分析

如何通过控制董事会来增强集团管控？

1. 2006 年 5 月 10 日，黄光裕对国美电器“公司章程”进行了最为重大的一次修改。持有国美 70% 股权的黄光裕授予董事会如下权力：无须股东大会批准，董事会可以随时调整董事会结构，包括随时任免、增减董事且不受人数限制。董事会还获得了大幅度的扩大股本的“授权”。

2. 2004—2010 年，黄光裕大量减持在国美股份，股权占比持续下降。通过权力无边的超级董事会，黄光裕增强了对公司的控制。

3. 2008 年 11 月，黄光裕被拘。2009 年 1 月 18 日，黄光裕辞去国美电器董事职务，董事会主席的身份自动终止。

4. 2010 年 4 月 22 日，黄光裕因非法经营、内幕交易罪、单位行贿罪被判有期徒刑 14 年。

5. 临危受命的陈晓迅速带领国美走出困境，并引进贝恩资本。同时，

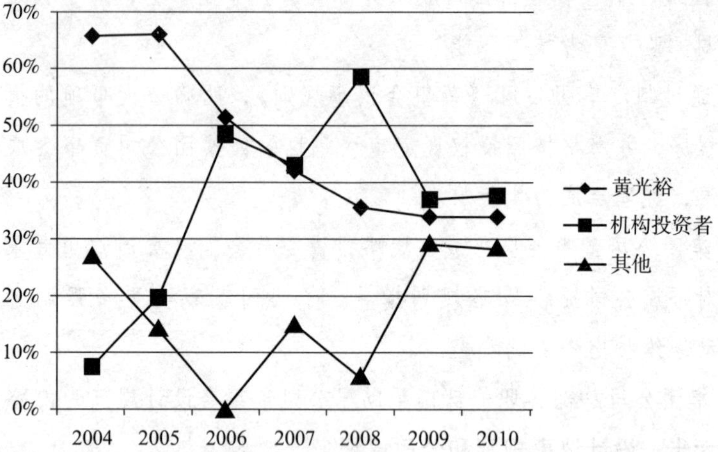

图 6－1　2004—2010 黄光裕在国美控股中的持股变化

对职业经理人股权激励，由此稀释了黄光裕的股权，引发了陈黄股权之争。

6. 为大股东量身定制的董事会，因突发性事件落入了经理层手中，经理层利用大股东此前赋予董事会的“超级特权”，尾大不掉，掀起风波阵阵。大股东与经理层争执不下，最终双方要到股东大会上，通过股东的投票决定了胜负。

7. 谁控制了董事会，谁就控制了整个公司，这就是前些年国美上演的种种争斗的根源所在。

第七步：集团公司治理中的人事安排

集团治理机制是从法律上对各级法人的治理结构做出制度性安排，是集团公司的“政体”设计。但是，在做好制度安排的同时，还要加强集团公司治理中的人事安排。通过股东会和向子企业派出人员的方式参与子企业的法人治理，比如下属公司董事长、总裁的人事安排。通过“责任、权利、义务及考核”构建对派出人员的管理机制，保证公司治理“思路一致、监控有效、运营高效、责权对等、考核激励到位”，最终使治理机制能够落地，执行到位。

案例分析

如何制定董事成员的产生程序来增强集团管控?

阿里董事产生程序：阿里合伙人提名董事会的大多数董事人选，而非根据股份的多少分配董事席位。如果股东大会未选举通过阿里合伙人提名的董事，或者该被提名人离开董事会，阿里有权另外任命一人为临时董事，直至下一届股东大会。

阿里合伙人组成：公开资料显示，截至2017年2月24日，阿里合伙人共计36人。其中，阿里的永久合伙人只有马云与蔡崇信两人。按照规定，阿里的永久合伙人有权一直作为合伙人直到其自己选择退休、死亡，或丧失行为能力或被选举除名。

合伙人退休制度：2016年8月23日，阿里首次公布了合伙人退休制度。阿里表示，合伙人自身年龄以及在阿里巴巴集团工作的年限加总和等于或超过60岁，可申请退休并继续担任阿里巴巴荣誉合伙人。

合伙人制度实质：根据公司章程，阿里合伙人将独享提名董事会简单多数成员的权利。通过控制董事的产生程序，掌控董事会和公司。

软银与雅虎是阿里第一大股东和第二大股东，马云是阿里第三大股东。截至2017年6月9日，马云的持股比例减少至7%，由阿里的管理层直接持有的股权也只有10%左右。这样的制度明显保证以马云、蔡崇信为首的阿里管理层对公司的控制权。阿里董事会成员为11人。其中，马云和蔡崇信分别为董事局主席和执行副主席。

第八步：设计监督机制和激励机制

集团法人治理机制和单体法人治理机制的很大区别在于：集团法人治理机制还要在集团公司各层级之间进行控制和协调，还要做好董事、经理层、下属子公司的监督机制、激励机制和协调机制。

第九步：做好各维度之间的统筹安排

治理机制是“5D＋1C”管控模型中的第二个维度，在做管控模型设计的时候，一定要关注治理机制和其他维度之间的互动和统筹性安排，也要做好与下属治理层级之间的协调和统一，发挥集团管控“1+1≥2”的整合、协同效应。

案例分析

公司章程对控股权之争的影响

自2006年9月起，Z公司的创始人C先生和P先生为争夺公司控制权打了30多场官司。最终结果，前董事长C先生被判入狱，P先生夺取了公司的董事长的法定代表人身份。

1. “Z公司”公司章程：①规定董事会由五名董事组成，五方股东各委派一名董事；②规定董事长由C先生任命；③规定法定代表人由董事长或委任其他人担任；④规定章程的修正应由全体董事在董事会会议上一致投赞成票方可通过。

2. 公司章程关键点分析：

（1）股东委派董事；

（2）董事长由C先生任命；

（3）法定代表人由董事长或董事长委任其他人担任；

（4）修改章程，必须是董事会所有到会董事一致赞成通过。

结论：只要是C先生不同意修改，他就可以永远是“Z公司”公司董事长及法定代表人。

3. P先生如何破解上述死结

（1）要想废除C先生董事长资格，必须首先不能让其担任董事。那什么样的人不能担任董事呢？

（2）根据《中华人民共和国公司法》的规定，有下列情况的人不能担任公司的董事、监事或者高级管理人员：①无民事行为能力或者限制民事行为能力；②因贪污、贿赂、侵占财产、挪用财产或者破坏社会主义市场经济秩序，被判处刑罚，执行期满未逾五年，或者因犯罪被剥夺政治权利，执行期满未逾五年；③担任破产清算的公司、企业的董事或者厂长、经理，对该公司、企业的破产负有个人责任的，自该公司、企业破产清算完结之日起未逾三年；④担任因违法被吊销营业执照、责令关闭的公司、企业的法定代表人，并负有个人责任的，自该公司、企业被吊销营业执照之日起未逾三年；⑤个人所负数额较大的债务到期未清偿。而且按照司法解释，如果董、监、高在任职期间出现这种情况，公司应当解除他的职务。

因此，如果“C 先生被追究刑事责任，自然就丧失了担任董事的资格”。

4. 股权之争进展

（1）2011 年4 月，潜逃四个月的董事长 C 先生被抓捕归案；2013 年，C 先生被判刑 14 年。

（2）C 先生不具备担任董事长、法定代表人的资格，但是按照公司章程，C 先生可以委派其他人担任。

（3）C 先生委派了自己的妹妹 H 女士担任董事长和法定代表人。

因此，P 先生要想根本性地解决方法，就要修改公司章程。

5. 如何修改公司章程

（1）修改章程必须“一致通过”，必须征得 C 先生或其委托代理人的同意。

（2）根据《公司法》和 Z 公司章程，召开董事会必须提前 15 天通知。P 先生必须要提前 15 天“通知” C 先生开会。

（3）P 先生既要履行通知义务，又要保证 C 先生或委托代理人不能得到通知。如果 C 先生或委托代理人不能开会，则视为放弃表决权，其余董事一致通过就可以修改公司章程。

（4）P 先生把董事会通知送达 C 先生身份证上老家地址，完成了所谓的“通知”，实际上此时 C 先生正在监狱。最终结果自然是 C 先生及委托代理人不能到会，放弃表决。

（5）Z 公司绕开 C 先生和委托代理人召开董事会，修改公司章程，选举 P 先生担任公司董事长、法定代表人。

6. 目前关于绕开 C 先生召开董事会的诉讼仍在进行中。2018 年 6 月

19日，广州市中级人民法院二审维持一审原判，法院认为Z公司未能合理保障C先生就涉案会议所享有的基本权利，会议召集通知的送达行为明显存在瑕疵，法院支持C先生诉求，撤销于2013年12月9日做出的《2013年度Z公司第二次临时董事会会议决议》。

7. 公司章程中的漏洞分析

在设计公司章程时，非常有必要制定相应的议事规则，包括召集程序和表决程序。召集程序就以下内容均由明确规定：董事会由谁召集、提前通知的时间、通知方式、通知送达方式、送达地址、送达期限、通知内容（包括会议日期、会议地点、会议期限、事由及议题、会议召开流程）等。

第六节　党组织在集团治理机制中的作用

在中国，国有企业在设计治理机制时，我们必须注意国有企业的特色。这种特色就是“在国有独资和控股的企业中，我们存在‘老三会’（党委会、职代会、工会），尤其是党委会。”在国有独资或控股企业中，始终坚持中国共产党的领导，是中国特色的法人治理机制，也是中国国有企业的独特优势。坚持国有企业中党的领导，发挥党的领导核心作用，凝聚各利益相关者共识，团结、协调、调动各方积极性、创造性，用集体智慧和力量推动国有企业的公司治理和可持续发展。

在国有独资或者控股企业进行治理机制设计，思考在现代企业治理结构下，党委会如何在治理机制发挥作用，探索发挥党的核心作用的方法和路径。

要在法人治理机制中发挥党的作用，我们必须坚持以下原则：

一、思想上，坚持党的领导不动摇

站在新的历史起点，党的十九大报告对国有企业改革做出重大部署，强调“推动国有资本做强、做优、做大”“深化国有企业改革”。历史证明，坚持党对国有企业的领导不动摇，才能牢牢把握国有企业改革的正确方向；坚持党对国有企业的领导不动摇，才能把党的政治优势、组织优势厚植为国企竞争优势、发展优势。

二、领导体制上，党委是领导核心

党委是国有企业中的最高决策机构和政治领导的核心，体现为“领导核心、统领全局、协调各方、保证监督”。在公司治理过程中，建立党委决策沟通机制，强化与公司“三会一层”的协调配合，切实形成“党委是领导核心，董事会负责战略决策，监事会负责监督，经理层负责经营”的具有国有企业特色的现代企业治理机制。

三、组织架构上，双向进入、交叉任职

要发挥党领导的核心作用，必须把党委融入现代公司治理结构。

首先，要在公司治理结构的“三会一层”中加强党的建设，推进党组织建设融入公司治理结构之中。

其次，要推进“双向进入，交叉任职”。一方面，通过治理法定程序，党委成员进入公司治理中的“三会一层”。在人员任职安排上，可以做以下规划：党委书记担任董事长，党委副书记担任总裁、监事长，董事会组成中要求党员的比例。这样就能有效促进党委领导核心作用与现代法人治理机制的有机融合。另一方面，也要根据党的程序，“三会一层”中的党员依照有关规定进入党委会，构建“双向进入、交叉任职”的国企领导体制。

最后，这种“双向进入，交叉任职”的创新适应现代企业制度的国有企业领导体制和党建新体制，在治理中，发挥党组织的政治核心作用。

四、制度建设上，明确党组织的法定地位

（一）公司章程是股东共同一致的真实意思表达，写明了公司组织和

活动的基本准则，是公司的宪法。为了保证党委的领导作用，从法律的形式上保障党组织的法定地位，公司章程中要明确党组织在公司法人治理结构中的法定地位，确保党的领导的组织化、制度化、具体化。

（二）在公司的运营决策、执行监督制度建设和议事规则方面，要明确党委的权责和工作方式。

（三）要通过制度和议事规则，明确党委与股东会、董事会、监事会、经理层之间的关系，确保党委发挥领导核心、统领全局和保证监督作用。

（四）在混合所有制企业的公司章程中，可以参考合资企业公司章程中的“AB 股制（同股不同权）和一致行动人的委托关系”，制定相应的表决机制，加强代表党组织的董事在混合所有制企业董事会中的法定地位。

五、决策层面，党委统领全局

党委和董事会如同一个硬币的两个方面，不存在“孰重孰轻，谁大谁小”，而是协调一致、相辅相成，既相互独立也相互配合。

（一）党委统领全局，董事会负责战略决策。

（二）党委的领导作用体现在“谋全局、议大事、抓重点”，积极提出重大改革发展的意见、建议，作为董事会制定战略的指导方向；董事会是公司治理结构中的决策机构，职能主要体现在战略决策、高管管理、薪酬管理和风险管理等方面。

（三）按照公司章程和董事会议事规则，党委支持董事会依法独立决策，保证其各项决策的科学性、合规性、有效性。

（四）通过党委核心成员在董事会的双向交叉任职，党委参与制定战略、控制风险管理、做重大改革方案的决策。最终，党委的意见主张融入董事会的战略决策体系，确保公司改革发展的正确方向。

六、在监督保障上，党委监督与监事会有机融合

在监督保障上，党委把关定向、纪检委的纪律检查与监事会独立监督、审计部的稽查作用要有机融合。监事会重点监督董事会、经理层的履

职尽责情况。党委要确保国有独资和控股企业正确的政治路线思想路线。通过上级党委和公司纪检委，健全公司党委监督检查机制，对经营管理重大决策实施效果实行评估和专项检查。在国有企业中，担任监事长的一般为公司党委副书记。通过监事长，确保公司全面履行职责，贯彻执行党委意图，发挥监事会的独立监督机制作用。

除了监事会和审计部职能之外，国有企业扎实推进党的廉政作风建设。严明党的政治纪律和政治规矩，完善“党委统一领导，纪委组织协调，有关部门各负其责，员工群众积极参与”的反腐倡廉工作机制。

七、在经营管理上，党委与经理层双轮驱动

在国有企业经营管理上，党委和经理层各有重点，又相互融合。党委主要推进深化改革、把握方向，经理层全权负责经营。

公司治理架构中，经理层负责将董事会制定的战略规划、经营发展目标进行落地和执行。党委不可以也没有必要直接参与运营，但可以通过四种方式与公司经营高度互动。

（一）通过交叉任职，党委核心成员以董事会核心成员的身份参与到董事会决策中，党委战略意图落实到经营管理计划中。

（二）通过董事会对经理层的充分授权，使董事会与经理层之间建立起“相对独立、相互制衡、职责清晰、授权经营”的委托代理机制。

（三）通过交叉任职，党委核心成员担任公司高层管理团队核心，直接负责公司运营，落实党委的决策意图。

（四）党建工作落实到基层，积极支持和参与企业生产经营。

八、干部管理上，坚持党管干部、党管人才

在干部管理原则方面，要把党管干部和党管人才统一起来。认真贯彻《党政领导干部选拔任用工作条例》，严格干部选拔任用程序。坚持好干部标准，按照忠诚、干净、担当的要求选干部、用干部。优化国有企业领导班子结构，配强一把手，配齐善于开拓市场和管理的副职，最终实现“一

把手当好管家，副手当好专家”。

抓好干部人才队伍培养，坚持党管人才原则，大力实施“人才强企”战略，围绕企业发展要求，抓好重大人才工程；坚持内部培养和外部引进相结合，加强专家型人才队伍建设；建设高素质人才队伍，实现各类人才的竞相发展。

案例分析

如何完善A集团治理机制？

为完善集团治理机制，强化企业“三会一层”的民主决策、科学管理、合理监督，对A集团治理机制的建设提出以下意见。

一、完善公司治理结构“三会一层”建设

1. 大力引进战略投资者。吸引战略投资者，吸收扩大资本规模；吸引利益与风险共享共担的合作伙伴；整合资源，借助外脑发展。

2. 寻求企业上市突破。争取集团优势资产上市，打开融资渠道，促进集团治理规范化。

3. 推行经营团队持股。实行股权激励制度，增强企业凝聚力。

4. 完善治理的组织结构。完善公司“三会一层”，推行“决策权、经营权、监督权”三权分立，保障利益相关者的权益。

5. 推行“集团＋二级事业部＋三级子公司”管理体制。将集团定位资本中心，二级事业部定位资产中心，三级子公司定义为经营中心，独立核算、自主经营、自我管理。划小核算单位，消灭最小亏损单元。

二、完善集团公司协调、管控功能

1. 五集中管理：①集中战略资源管理；②集中产品管理；③集中大数据管理；④集中人力资源管理；⑤集中资产管理。

2. 五统一管理：①统一执行管理；②统一公共关系管理；③统一投融资管理；④统一内控信息管理；⑤统一激励管理。

三、完善集团公司权力分配机制

1. 落实计划管理权；2. 落实人力资源管理权；3. 落实生产经营、运营管理权；4. 落实资产使用权；5. 落实产品管理权。

四、落实集团公司责任监督机制

1. 落实利益相关者的责任（社会、地方政府、股东、员工、客户等）；2. 落实对企业目标的责任；3. 落实对经营者自己的责任；4. 健全监督体系；5. 创新监督手段。

五、完善集团公司激励机制

1. 健全目标导向与激励机制；2. 打造全方位激励平台；3. 健全内部激励制度。

管理工具

衡量一个治理制度或治理结构是否高效

1. 衡量一个治理制度或治理结构是否合理的标准：

(1) 如何使集团公司有效地运行；

(2) 如何使公司在激烈的市场竞争中求得生存和发展；

(3) 如何维护和满足集团公司各方面利益相关者的利益；

2. 一个能够保护股东利益的良好公司治理结构应具有以下特征：

(1) 董事会能有效地发现集团存在的各种问题，并将重要问题上报股东会；

(2) 监事会能够对董事会和经理层进行有效的监督；

(3) 通过集团董事会、监事会，股东对集团经理层有足够的监控能力；

(4) 清晰界定股东会、董事会、监事会和经理层职责和权限；

(5) 符合国家的法律法规要求，且公司治理结构和内部组织架构平衡制约；

(6) 能够管理所制定的相应各项规章制度；

(7) 重要信息能够得到及时、充分地向上报告、向下指挥。

第七章

“5D+1C”模型的集团组织架构

第一节　集团管控下组织架构的内涵

在集团管控体系中的前两个维度——集团战略规划和集团治理机制设计完之后，就进入集团管控体系的第三个维度——组织架构。

治理机制和组织架构是一个硬币的两个方面。两者相比较，治理机制是集团的“政体”，是公司的“政治骨骼系统”，是公司股东会、董事会、监事会、经理层的权力分配和制衡体系，是支撑集团的政治架构和法律基础；组织架构就是集团“运营体系骨骼系统”，通过架构设计、层级管控、部门划分、职能分工与合作、分权和集权等子系统，来支撑整个集团的运营体系。

集团的组织架构分为横向和纵向两个维度，纵向是集团从上到下“集团总部—二级事业部—子公司”之间管控层次和功能划分，横向是集团总部、二级事业部、子公司三个层级内部部门划分和职责分工。

集团管控下的组织架构包括以下内容：

1. 集团组织如何定位？纵向和横向的组织架构如何搭建？

2. 纵向层次设计：纵向层次设计的本质是集权、分权设计，包括以下内容：集团从上到下的管控层次应该有几层？各层次应该是法人还是非法人形式？权限如何划分？如何把集团总部设计成决策层和投资中心，二级事业部设计成管理层和运营中心、利润中心，子公司设计成执行层和成本中心？上一层组织的职能部门对下一层公司之间相应的权力分配和制衡关系？各级董事会与经理层之间的委托代理关系？

3. 横向部门设计：横向部门设计的本质是部门（职务）设计，包括以下内容：集团总部平台如何定位？集团总部、二级事业部、子公司层面应该如何设置部门？职责如何分工？权限如何划分？

4. 纵向的管控层次和横向的部门设计之间如何互动？如何构成整套的集团组织架构体系？

5. 如何保持集团组织架构的灵活性？如何持续优化集团组织架构？

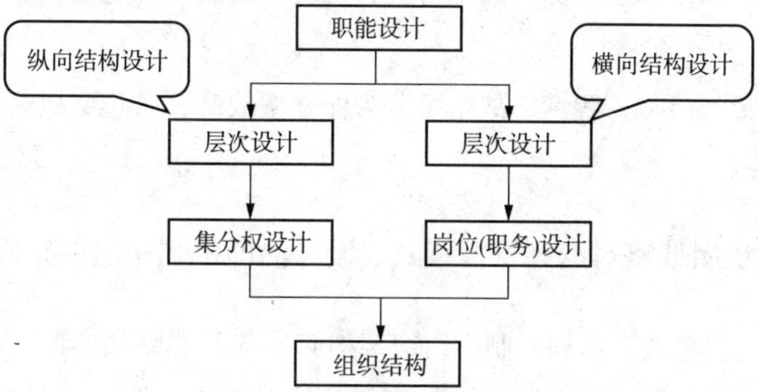

图 7-1 集团管控下的组织架构图

第二节 设计集团组织架构的前期准备基础

一、梳理集团战略

战略管控是集团管控体系设计的第一个维度，也是其他维度设计的基础。战略规划解决的是“集团往哪里去”的问题。集团战略管理是企业管理的重中之重，绝对不能战略规划不清晰，或者战略制定与执行朝令夕改，甚至是战略制定之后“束之高阁，说一套做一套”。集团战略规划也是公司治理机制、管控模式选择和组织架构的基础。通过梳理战略，整理出集团战略规划对选择管控模式、设计治理机制和组织架构的要求。集团梳理结果是将集团战略进行分类。

1. 按照战略内容框架分类：基本战略、经营战略、竞争战略、运营战略、管控战略。

2. 按照层面分类：集团整体战略、集团总部战略和二级事业部及业务单元战略。

3. 按照竞争方式，战略可分为成本领先战略、差异化战略和集中聚焦战略。

4. 按照发展速度分类：战略可分为发展型战略、稳定型战略、收缩型战略。

5. 按照风险偏好程度，战略可分为保守型战略、风险型战略、分析型战略三类。

二、集团战略对选择管控模式、设计治理机制和组织架构的要求

集团管控模式、治理机制、组织架构必须与其战略相匹配。首先，战略不同，要求开展的业务活动也会随之不同，管控模式和组织架构就要做相应的调整。其次，不同战略有不同的重点，也会影响每一个部门相对重要性和相互关系。

因此，集团战略目标的变化会促进组织架构、管控模式甚至治理机制的变化。战略目标决定了集团组织构架、治理机制和管控模式，组织架构、治理机制的构建有效支撑集团达到战略目标。

三、选择集团管控模式

集团管控模式可分为三类：一是财务管控型；二是战略管控型；三是运营管控型。共有六大因素影响集团选择管控模式：产权关系、发展战略、企业规模（业务布局）、业务发展阶段、管理能力和企业文化（企业家精神）。

如果集团没有清晰的战略定位，选择和设计管控模式必然盲目，组织架构的设计就无的放矢，战略规划就不可能真正落地并发挥实际作用。所

以选择管控模式对于组织架构设计至关重要。

集团内各子公司成立时间不同，产业规模不同，战略重要程度不同，业务发展阶段不同，对子公司集、分权要求不同，集团对不同子公司就要选择相应不同的管控模式，进行混合式管控设计。

另外，市场环境变化莫测，业务模式也在不断变化，公司战略、管控模式和组织架构也应随之调整。

四、设计集团管控治理机制

（一）要想设计集团的组织架构，必须明确集团的治理机制。

公司法人治理结构是现代企业制度中最重要的组织架构，解决的是股东会、董事会、监事会、经理层之间的权力划分和制衡。公司法人治理结构是企业组织架构形成的前提和基础，组织架构是从属于法人治理结构的，又是法人治理结构在企业组织中的具体表现与深化。

（二）组织架构层次设计和治理层次设计要通盘考虑

在集团内部同时存在着组织层次和治理层次，而且层次越多，集团管控能力越弱，管控效果就越差，因此集团组织架构层次设计和治理层次设计要通盘考虑。

五、确定组织设计目的

集团组织架构设计必须满足以下目的：满足企业战略的需要，满足管控模式的需要，满足治理机制的需要，满足企业经营和运营的需要，适应经营环境的变化，适应企业规模和发展阶段，适应企业多元化类型，最终目的是实现企业价值最大化。

六、确定组织设计的原则

集团组织架构设计必须满足以下原则：战略导向原则、经营目标原则、适应集团规模、适应产业特点、责权利结合原则、集分权与制衡原则、兼顾效率和效益、兼顾稳定性和动态性。

第三节 集团组织设计的八大原则

单体公司和集团的组织架构设计有一定的共性，都是分为纵向和横向两个方面，但两者之间有很大区别。在集团设计组织架构时，要充分考虑集团比单体公司的复杂性。具体表现在：

在纵向管控层次上，集团管控层次更复杂，还要和治理层次综合到一起。要考虑管控层次分为几级，每一级是法人还是非法人？每一级之间的权限如何划分？

在横向部门设计上，集团组织架构至少涉及三级（集团总部——二级事业部——子公司）。要考虑总部平台的功能定位，三级架构的部门设置和分工等。

在横向和纵向两个方面上，上级横向设置的部门如何做在纵向上对下级相对应部门或者相关联部门进行管控、服务，尤其涉及上级职能部门对下级法人的管控。

综上，在确定集团组织设计原则时更要考虑集团的复杂性。集团组织架构设计必须满足以下原则：战略导向原则、经营目标原则、适应集团规模、适应产业特点、责权利结合原则、集分权与制衡原则，同时，要兼顾效率和效益，兼顾稳定性和动态性。

一、设计组织架构，要围绕战略导向

集团组织架构的目的首先是要实现集团战略目标。著名管理学者钱德勒在 1962 年出版了《战略与结构：美国工商企业成长的若干篇章》一书。在书中，钱德勒提出了“结构跟随战略，战略决定结构”。所以，集团组织架构要紧紧依靠在战略身上。战略是解决“集团向何处去”的问题，而组织架构就是解决“设计什么样的架构”能够保证战略规划的落地实施。

在两者的逻辑关系上，先有战略，然后组织架构做相应调整，以保证战略规划的实施。

按照风险偏好程度，战略可分为保守型战略、风险型战略、分析型战略三类。对于“保守型战略”，强调的是稳定发展，在组织设计上强调集权、有序、规范化、统一性，有时候更墨守成规；对于“风险型战略”，强调的是快速发展、狼性文化，组织设计要强调分权，强调灵活机动，强调对现场变化的快速反应能力；而对于介于两者之间的“分析型战略”，组织架构设计更讲究集权和分权、有序和灵活、标准和例外、刚性和柔性等适当平衡。

对于单一经营战略或集团推行低成本战略时，企业可选择集权度高、机械性强的组织架构，如直线职能制；而对于实行多元化战略的集团，集团可选择分权式、决策下移的组织架构，如事业部制。

二、设计组织架构，要围绕经营目标

集团组织架构设计满足集团战略规划之后，下一步就要满足经营目标的需求。集团战略需要转换成每五年、三年和年度的经营目标，组织架构的作用就是要实现这些年度经营目标。衡量集团组织架构设计的优劣，要以“是否有利于实现集团任务、目标”作为最终的标准。

案例分析

碧桂园的高速成长之谜①

广东碧桂园集团近年来发展突飞猛进，2012 年销售额 476 亿，经过数年高速发展，2017 年集团完成销售额 5508 亿元，名列中国房地产第一名，领先第二名恒大集团 500 多亿。到 2018 年，碧桂园集团预计完成销售额 8000 到 10000 亿元，其中 2018 年前五个月，已经完成销售额 3345 亿元。碧桂园集团近年来销售额具体参见表 7－1：

① 董文艳．碧桂园 3000 亿跃进秘密[J]．财经，2017－01－23.

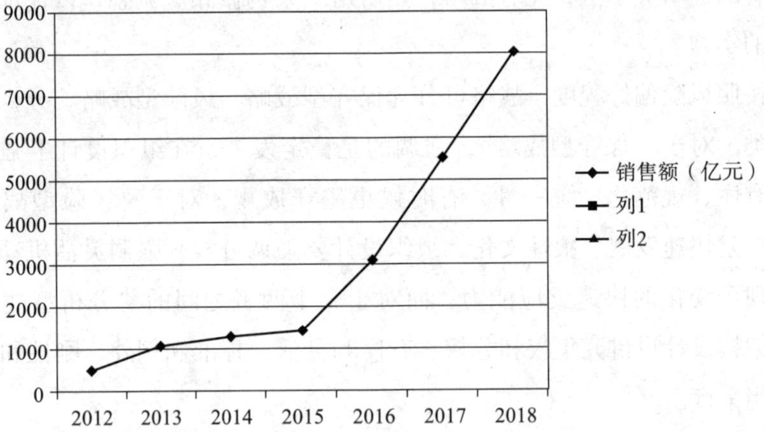

图 7－1　碧桂园 2012—2018 年销售趋势

表 7－1　碧桂园 2012—2018 年销售额

年份	销售额（亿元）
2012	476
2013	1060
2014	1288
2015	1402
2016	3088
2017	5508
2018（预计）	8000—10000

为了完成快速发展的经营目标，近年来碧桂园集团在管控模式、组织架构等方面做了大量工作，董事局主席杨国强和总裁莫斌先生更是功不可没。

2010 年 7 月，莫斌就任碧桂园总裁，着手做的第一件事就是全面变革集团的管理架构，以提升企业运营效率。

碧桂园以前管控模式为集团强管控。集团总部直接对接地方项目，而作为中间层的区域公司配置特别简单，通常是一名区域总裁加一名办公室主任，再加一名司机。区域公司在全集团并无多少实权与能见度，主要职能就是统筹联络、沟通信息。这种集权的模式是和当时的碧桂园的经营模式、开发区域相适应的。当时碧桂园项目主要位于广东省，离集团总部近，没有太多区域中心的概念。

到2010年，碧桂园全国项目显现增多势头，为了匹配未来扩张式发展速度，碧桂园董事局主席杨国强授意总裁莫斌转换思路，把碧桂园搭建成一家大型地产企业惯有的管理框架。就是在总部集团和地方项目之间，组建一个更实体化的区域公司，强化、做实二级区域公司的功能。这样，碧桂园集团管控层次就成了三级管控体系：

（1）集团总部：碧桂园集团总部变成决策中心和资本中心，成为战略选择、资本运营、重大决策、运营方向管控、专业化基础支撑和企业资源整合的平台。

（2）区域公司：集团不断给区域公司授权，下放职能，促进区域公司实体化，变成了类似碧桂园控股的小型房地产公司。区域公司开始成为本区域项目管理中心，负责资源调配，对项目利润指标负责，成为利润中心和运营中心。截至2016年，碧桂园集团根据区域公司成熟度，划分出了三种类型的区域：一个特级区域、17个一级区域和其他非一级区域。

（3）项目公司成为最小的核算单位，成为成本中心和执行中心。

营销的部分权限也下放到区域公司。集团总部把控大方向，拟定业绩与绩效考核指标，但营销费率、定价权等在区域公司，区域总裁是区域的最高行政负责人，以保证区域在营销领域的灵活性。

放权让区域公司更有活力，区域公司能够根据一线市场的需要随时做调整与应对。经过六年的连续放权，每个区域公司开始成为碧桂园旗下的小小王国，自成一体。区域公司总裁成为小国王，评判他们功绩的是区域的销售业绩。各区域规模最终合并，组成碧桂园数千亿“巨无霸”。

三、设计组织架构，要围绕集团规模

集团规模是影响企业组织设计的重要因素。集团的规模不同，其纵向的治理机制和横向的管理架构亦存在明显的差异。集团规模越大，导致管控层级越多，子子孙孙无穷尽；集团规模越大，专业分工越细化，同一层级内部门数量越多；集团规模越大，需要纵向和横向协调与决策的事物越多，管理幅度越大，促使集团增加管控层级和分权。

2003 年 1 月，IBM 集团前任 CEO 郭士纳先生的著作《谁说大象不能跳舞》由中信出版社出版。在 IBM 集团，郭士纳通过一系列的战略性调整，包括管理、企业文化、企业规模与竞争力、企业转型等惊涛骇浪的战略性举措，让一家在国际经济舞台上举足轻重的 IT 企业重振雄风，翩翩起舞。

四、设计组织架构，要围绕产业特点

如果集团产业布局广泛、业务种类众多，就要求集团组织架构相对复杂一些。集团对于二级事业部的分权就更多一些，要采用相对分散的组织架构，例如事业部制，给二级事业部更多的权力，使之成为相对独立的经营中心。

如果集团各个产业联系紧密，属于相关多元化，组织架构的设计需要考虑二级事业部之间的相互作用，需要强化集团总部职能部门管控和协调作用。对于相关多元化，集团不宜采用分权的组织架构，而采用直线职能制或矩阵式组织架构更合适。一般而言，业务相关程度越大，越要进行偏集权的管理。

五、设计组织架构，要考虑责权利

确定完公司战略、治理模式、管控模式和经营目标之后，组织架构的目的就是把上面的四个层面落地，最后使集团利益最大化。组织架构的设计沿着纵向和横向两个维度，在纵向上做管控层次设计，在横向上做部门分工设计。集团要沿着纵向和横向两个维度，对管控要素和业务流程进行梳理，设计管控层次和管理流程，寻求分权和集权的有效平衡，明确各层次和各业务环节的责任、权利和义务。集团纵向每一管控层次、横向每一管理部门责任、权力和激励都要对应。

在设计组织架构、明确责权利的同时，还要兼顾“边界管理”，既避免多头指挥，也要避免无人负责的现象。在企业的日常管理中，最重要的是边界管理。而集团分为纵横两个方向，边界管理更加复杂，对组织架构设计中的边界管理要更加重视。

六、设计组织架构，要考虑分权制衡

在集团经营过程中，一定会遇到这样或者那样的风险甚至危机。要有效地规避风险、危机，保持正常的经营秩序，需要在明确纵向各层次和横向各部门责权利的基础上，设计制约、制衡机制，把执行和监督职能分开，做好权力平衡；既要相互支撑，又要相互制约。

没有监督的权力，必然会导致腐败。制衡机制就是对权力的制约和平衡的制度。在组织架构设计上，如何落实权力制衡机制呢？

首先，将不同的权力分配给不同的机构或层次，部门之间相互制衡、相互制约；

其次，纵向管控层次和横向部门之间做好集权和分权的平衡，必要的权力集中和权力分散，两者不可偏废。

最后，保持公司整体利益最大化，永远是权力制衡的出发点和归宿。集团绝对不能为了制衡而置集团整体利益于不顾。

七、设计组织架构，要兼顾效率和效益

效率指的是正确地做事，即集团尽可能少投入资源，最大可能地获得产出，且资源的利用效率高、不浪费。效益是指做正确的事，是集团战略方向选择。衡量效益高低的参考指标是实际产出的效果和利益。

组织设计要兼顾高效率和高效益，而不良组织架构设计通常两者均达不到，或者只能达到一条。例如，在管理层次设计上，要力求扁平化，压缩管控层次，缩短决策链长度，力求做到机构简练、人员精干、管理效率和效益双高。同时，在管控层次和管理幅度上也要达到平衡。

再例如，设计部门之间分工合作时，要兼顾“专业分工和协作”，兼

顾专业管理的效率和集团目标、任务的统一性。

八、设计组织架构，要兼顾稳定性和动态性

首先，要想集团稳定、有序地运转，就要保持组织架构的稳定性，绝对不能变来变去。尤其是骨干系统、权责关系以及规章制度，更要明确、稳定。

其次，面临着“日新月异、一日三变”的外部环境和内部环境，集团在做组织架构设计时，绝对不能“以不变应万变”，必须根据自身的企业发展状况和外部环境变化，做出及时准确的反应，选择不同的组织架构。环境越复杂多变，需要强调组织架构的灵活性、适应性和非程序化决策能力。环境越多变，干扰性因素越多，越需要减少管控层级，加强管控层级内、部门间的协调，使组织在变动的环境中具有一种内在的自动调节机制。

最后，集团要定期盘点组织架构，尤其是企业战略规划、管控模式、经营目标等发生变化时，更要主动优化组织架构。

第四节　集团组织设计的九大步骤

设计组织架构可以分九大步骤进行：对接战略规划，对接管控模式，确定组织框架，搭建职能结构，搭建总部平台，搭建层次结构，搭建部门结构，搭建职权结构，建立优化机制。

一、对接战略规划

首先，集团先有战略然后才有组织架构，不同的战略要求不同的组织结构与之相适应。组织结构要有效对接集团战略规划，包括总体战略规划、产业战略规划、资本战略规划、营销与品牌战略规划等。集团组织结构设计就是要有效地支撑组织的战略实现和战略落地。

其次，集团组织结构设计要按照集团整体业务战略进行布局，有效地整合各种资源，进行区域布局、产业布局，确保集团核心业务战略落地。

管理工具

不同风格的战略思想对企业组织结构的影响

2006年，美国学者雷蒙德·E. 迈尔斯和查尔斯·C. 斯诺的著作《组织的战略结构和过程》由东方出版社出版。两位学者根据企业对竞争的认识和处理方式，将企业战略思想分为保守型战略思想、风险型战略思想和分析型战略思想三种风格。

不同的战略风格要求不同的组织结构。这三种战略思想与其相应的组织结构特征如表7－2所示：

表7－2 企业战略思想的三种风格及其组织结构特征

组织特征	保守型战略思想	风险型战略思想		分析型战略思想
企业环境	比较稳定	复杂多变		复杂程度中等
组织架构形式	职能式组织架构	事业部式组织架构		混合式架构或矩阵式架构
组织架构特点	稳定，讲究纪律和秩序	灵活，讲究快速多变		讲究纵向和横向平衡，需要大量的沟通协调。
组织架构适用范围	产品开发生命周期长； 整合后可以形成规模经济； 产品和服务标准度高；	客户型 客户类别非常重要； 对不同客户有不同服务； 客户谈判能力强。	产品型 不同产品针对不同客户； 产品开发和生命周期短； 整合后规模经济不明显。	对创新的要求； 优秀的信息技术支持； 共享人力资源；
战略目标	努力扩大产品市场份额，企业自身致力于提高效益、降低成本；	抓住机会开拓市场、开发新产品；		1. 努力保持已有产品和市场的稳定性； 2. 不断寻求开发新的产品和市场；
集权程度	集权程度高	集权程度低		集权程度中等
计划性	严格	不严格		中等
决策团队构成	工程师、成本专家	营销、开发专家		联合
沟通方式	纵向为主	横向为主		纵向、横向并重

二、对接管控模式

集团总部对子公司管控的模式不同，集分权要求不同，会对组织架构的设计提出不同要求。集团一共有三种管控模式，在不同的管控模式下，总部对下属业务单元的管理与控制功能表现出不同的特征：

表 7－3　不同管控模式下总部对下属业务单元的管理与控制功能

	财务控制型	战略管控型	运营管控型
部门设置	负责财务、法律和投资的部门设置在总部； 其他设置在业务单元；	负责战略、法律和财务的部门设置在总部； 其他设置在业务单元； 考虑设置共享服务中心；	负责重要运营的部门设置在总部；
总部角色	制定重要政策，尤其是投资决策；负责财务整合和资本运营；	制定重要政策；决定战略方向；协调业务单元；	承担具体职责；
总部规模	小	中等	大

三、确定组织框架

集团整体组织架构主要有着四种基本的形式：第一种形式是职能式的一元结构，简称 U 型架构（Unitary Structure）；第二种形式是控股公司结构，简称 H 型架构（Holding Structure）；第三种形式是多事业部结构，简称 M 型架构（Multi-divisional Structure）；第四种形式是矩阵制架构（Matrix Structure）。

集团整体组织架构的四种基本形式本身并无高下优劣之分，关键在于能否与集团自身的业务发展相吻合，能否为集团战略提供组织保证，能否为集团管控提供组织安排。

集团整体组织架构不是一成不变的，而是处于一种动态变化的演进过程。从总的发展趋势看，集团整体组织架构正由金字塔式垂直结构向平行网络式结构转变，逐步地向“四化型”组织靠拢——有机化、扁平化、宽带化和并行化。

表7-4　集团整体组织架构的四种基本形式

	U型架构	H型架构	M型架构	矩阵制架构
集团管理	职能为中心。组织架构划分为三个层次：决策层、职能（参谋）层和执行层（子公司或分公司）。	母公司专注于战略管理，而N个子公司负责具体产业的生产经营活动，具有较大的经营自主权，在财务上具有独立性。	M型结构具有三个层面：第一个层面是总部董事会和总裁班子；第二个层面由职能部门和支持服务部门组成；第三个层面是围绕核心业务建立的子公司。	强调集团内部跨部门的协作以及总部的共享管理。 集团职能部门和子公司最高层，双条线管理子公司的职能部门。
适用情况	规模较小、产品品种较少、生产连续性强和专业性强的企业集团，如矿业、能源、物流等	规模较大、产业相关性不强的多元化控股公司	多元化控股公司	偏集权化的多元化控股公司

四、搭建职能结构

集团是一个有机的整体，各部门也是相互联系并在不同环节和层次上发挥着不同作用，构成了具有内在联系的整体。集团的职能结构就是企业集团中各种有机联系而形成的职能体系。

搭建职能结构就是梳理职能架构，确定集团每一个层级各需要哪几个职能，然后确定各职能间的关系。职能架构的梳理方法如下：

1. 识别职能结构的要素：识别企业管理系统的各种职能；

2. 阐明职能之间的关系：分析集团各部门在组织架构中的作用、分工、隶属关系、合作关系，判断各部门的职能是否缺失、交叉、冗余、错位。阐明职能之间是如何配置和依照怎样的关系连接起来的；

3. 分析各部门职能：结合企业价值链，逐个分析价值链上各环节、各部门的职能。

五、搭建总部平台

（一）集团总部是资源共享中心

一般来讲，集团总部在集团内部打造以下资源共享：HR 高级人才共享和建设、资金的集中使用、大宗物资集中采购、产品的集中销售、研发的集中共享、风险危机的集中防范、专业服务的集中共享。不同的管控模式下，集团总部平台需要发挥不同程度资源共享作用。

（二）不同的管控模式下，集团总部平台发挥的作用也不同

1. 财务管控型：集团平台主要作用就是投融资中心。

2. 战略管控型：集团平台主要作用就是投融资中心、产业监控中心和宏观调控中心。

3. 运营管控型：集团平台的主要作用就是投融资中心、产业监控中心、宏观调控中心、服务支持中心、价值创造中心和制度输出中心。

六、搭建层次结构

（一）集团组织架构的层次性特征

与单体公司不同，集团组织架构带有明显的层次化特征，纵向上需要设置几个管理层级。随着组织层次的增加，集团对下属业务单元的控制力将会同步减弱。

（二）组织架构层次和治理层次

集团组织架构层次和治理层次是相互影响的，在设计集团组织架构层次时，必须考虑集团的治理层次设计。集团管控的实践证明，集团组织架构与治理层次最佳控制在四层以内。

（三）组织架构层次过长的弊端

组织架构层次设计过长，容易导致集团控制力缺失，集团总部对子公

司、孙公司、曾孙公司根本没有有效的控制。尤其是国有企业集团，更容易因为组织架构层次太长而失控。

（四）集团组织层次搭建

根据集团战略要求，对集团组织中各层面的功能进行原则性界定。

集团总部定位为战略投资决策中心、资本中心，未来从投资中心演变到"主业+投行+基金"管理中心；思考的问题主要包括：如何管控子集团及其下属公司、如何管理多元化、如何管理投资组合、如何形成一套可复制的管控模式等内容。

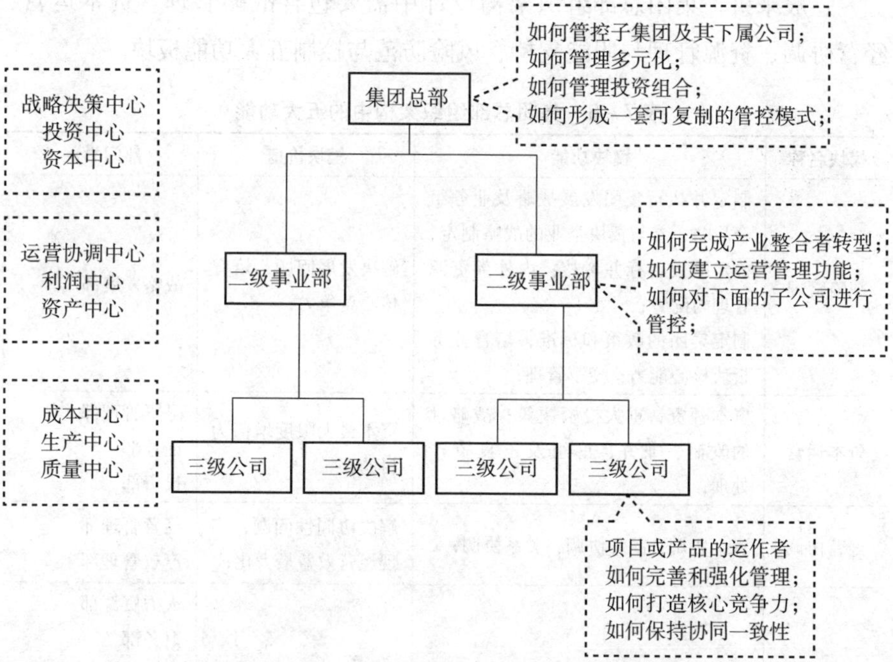

图7-3 集团组织层次搭建图

二级事业部设为资产中心、运营协调中心、利润增值中心、业务管理中心，未来从利润中心演变到行业整合中心；思考的问题主要包括：如何完成产业整合者转型？如何建立运营管理功能？如何对下面的子公司进行管控？等等。

三级的公司成本中心、生产中心、质量中心等，未来从成本中心演变到有竞争力的产品或服务的提供者；思考的问题主要包括：项目或产品的运作者？如何完善和强化管理？如何打造核心竞争力？如何保持协同一致性？等等。

七、搭建部门结构

按照组织架构中的组织定位、总部平台和层次定位的内容，进行架构搭建和优化。

（一）首先确定集团总部结构

一般来讲，集团总部组织架构设计中需要包含战略管理、资本运营、经营协调、资源管理与职能支持、风险防范与控制五大功能板块。

表 7－5　集团总部组织架构中的五大功能

模块名称	模块功能	模块价值	部门举例
战略管理	制定并执行集团发展战略及业务组合战略；参与板块企业的战略制定，确定绩效目标并考核；内外部资源管理与配置； 制定集团的政策和标准；培育业务板块核心能力；变革管理；	解决发展问题，培育核心竞争力；	战略发展部
资本运营	资本融资；重大投资决策；战略性的改制、兼并、重组及不良资产处理；	资本最大限度增值为目的；	融资管理部 证券部 投资部
经营协调	资金协调；品牌协调；关系协调；	解决协同性问题，实现经营效益最大化；	经营管理部 产权管理部
资源管理与职能支持	人力资源；财务；信息系统；行政；	解决集团的有效运转问题，提高效率；	人力资源部 财务部 行政部 IT 信息部 资金管理部 资产管理部
风险防范与控制	财务风险控制；运营风险控制；政策风险控制	解决发展的可持续性问题，提高集团的生存质量	法务部 安全部 审计监察部

（二）子分公司组织架构建设建议

集团总部和子分公司的原有部门设置大致相同，便于各项职能对接，但两级组织各成系统，如何合理划分各项管理权限成为组织设计的重点。

八、搭建职权结构：

职权结构是指集团各层次、各部门在权力和责任方面的分工及相互关系。组织内的职权有三种：直线职权、参谋职权和职能职权。

（一）职权分类

集团内的权力基本上可以分为“5+1”类，包括“决策、参谋、指挥、检察、执行”五类和一个“协调”。在五类权力中，“决策”属于一级权力，“参谋、指挥、检察”属于二级权力，“执行”属于三级权力，“协调”属于非权力。

1. 决策权力（一级权力）

负责公司的重大事项的决定，如战略、发展、规划、投资、财务、人力资源规划等。

2. 参谋权力（二级权力）

有为决策部门提供参谋的权力，只接受决策部门指挥，在同一层面没有指挥权力。负责公司的战略、发展、投资、财务、人力资源等规划和计划的制定。

3. 指挥权力（二级权力）

只接受决策部门指挥，拥有对执行部门发布命令等的权力。负责对所属执行部门下达执行任务，监督执行情况，保证目标实现。

4. 检察权力（二级权力）

按照决策部门的决策和国家的法律法规，对其他所有权力部门执行专业检察，没有决策权力和指挥权力，只接受决策部门的指挥。

5. 执行权力（三级权力）

完成具体任务，只接受指挥部门指挥。负责完成指挥部门下达的执行任务，对于执行过程中的问题直接向指挥部门报告。

6. 协调权力（不属于权力）

部门之间横向协调，只接受决策部门指挥。可与任何部门直接对话，但没有指挥权力。负责部门之间横向协调工作，但不参与纵向部门的协调工作，没有具体任务。

（二）职权规范的目的

职权规范的目的：建立明晰的职权划分体系，规范管理活动，明确各层级的责任和权力，适度下放权力，提高公司运营效率。

（三）职权规范的原则

根据稳健性、前瞻性、效率性和平衡性四个原则，对集团职权体系进行优化与调整。

（四）职权规范和管控流程

职权规范和管控流程主要围绕集团管控模式、总部平台的功能定位和“5+1”类职权展开。

（五）职权规范的输出结果

职权规范的输出结果是《企业集团母子公司权限划分表》。

管理工具

不同的集团管控模式下，集团五大职能的不同集权及分权方式

表 7-6　集团五大职能的不同集权及分权方式

		财务管控型	战略管控型	运营管控型
集分权程度		相对分权	相对集权	集权
总部重点职责	战略规划	整体战略制定、评估；业务单元战略实施的绩效评估；	整体战略制定、控制、绩效评估；业务单元战略制定、经营计划审批及重大项目审批，绩效评估；	全面负责整体及业务单元战略及经营计划的制定、控制、绩效评估；
	投资管理	业务单元重大项目审批；	业务单元重大项目审批；业务单元新项目的投资论证；	所有投资项目审批；
	财务管理	制定并推行财务管理制度；	制定并推行财务管理制度；建立以盈利为核心的全面预算管理；计划外审批，计划内自行控制；	制定并推行财务管理制度；全面预算管理及集中资金管理；一律审批；
	人力资源管理	委派高管层及绩效考核；	制定和推行人力资源管理体系；委派高管层及绩效考核；	制定和推行人力资源管理体系；委派高管层及绩效考核；业务单元人力资源管理；
	信息管理	控制财务系统保持一致。	全面负责整体的信息技术战略规划、预算和管理制度；关键应用系统选择和应用集成；信息基础架构的选择和建设	全面负责整体及业务单元的信息技术战略规划；信息系统建设；信息系统维护

集权与分权——实线与虚线

在集团管理中，要制定总团总部和下属业务单元的权力界限，做好集权和分权的平衡。如果集团总部的某职能部门 A 对下属业务单元职能部门 A 是直接管理，则用实线来表示，此时为集团高度集权；相反，如果集团总部的某职能部门 A 对下属业务单元是间接管理，则用虚线来表示。具体集权和分权见表 7-7：

表7－7　集权管理与分权管理对比

	集权管理	分权管理
	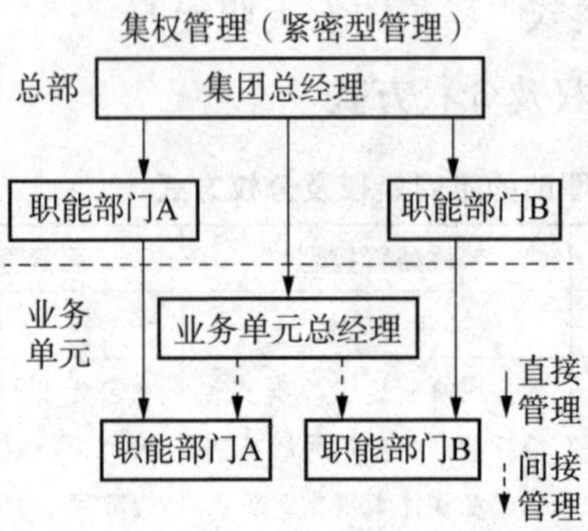	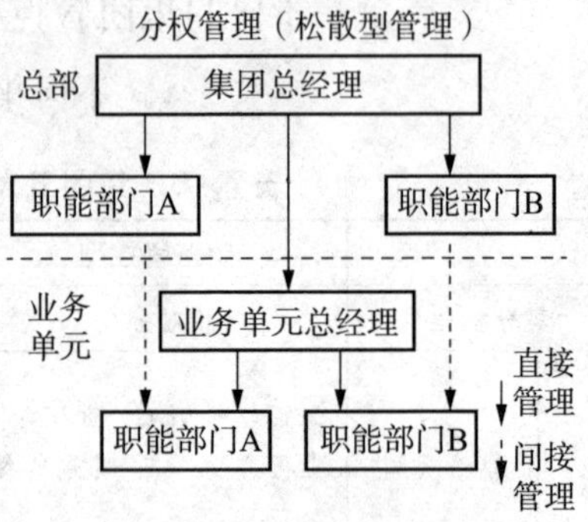
组织特征	总部的职能部门高度集权，制定职能战略、制定职能运营计划、进行运营决策；子公司职能部门仅负责日常事务性处理；	总部职能部门制定职能政策指导并提供共享服务；子公司职能部门高度自主权，进行运营决策并执行处理；
人员设置	总部向子公司派驻关键人员，管理该职能活动；派驻人员向总部部门实线汇报，向业务单元总经理虚线汇报；	业务单元自行选择关键负责人进行职能管理；职能负责人向业务单元总经理实线汇报，向总部相应职能部门虚线汇报；
优点	统一的运作平台，提高公司整体的决策效率、部门间协调；	提高对内部紧急情况的反应速度，调动部门积极性；
缺点	对总部职能管理者的素质要求较高；对信息传递的速度和准确性要求较高。	机构重叠，管理部门利益难以协调；较难进行管理评估；
集分平衡	实际运行过程中，集团和下属子公司做好权力分配。对于财务管理，往往集团直线管理。有的集团在此基础上，增加集团对人力资源和法务的直线管理	

九、持续优化机制

集团组织架构设计是结合集团战略，一般满足三到五年的集团战略发展的需求。但是，如果集团总体的战略规划和目标发生转变，集团就要主动调整优化集团组织架构。

组织架构优化目的：提升运行效率工作，以进一步建立起紧凑而富有弹性的组织架构，促进企业全价值链各环节无缝对接、高效运转，保障企业可持续性发展。

组织架构优化原则：结合企业发展战略，综合当前企业面临的内外部环境，对各功能模块的设置进行综合评估，认真查找影响生产经营效率的因素和环节，对运转不顺畅、劳动重复率高、投入产出低、边界管理空白的组织架构进行整合优化和流程再造，建立精干、高效的各级组织。

组织优化的步骤：单位试点先行，逐步推进。围绕织机构优化的目标和内容，采取由易而难、逐步推进的方式，有序开展组织架构优化、管理效率提升工作。注意提炼和总结组织架构优化过程中的经验和做法，总结后在集团内部推广。

案例分析

某集团管控模式和组织架构优化

一、现状分析

经过十五年的发展，C集团已经发成为以钢铁为主业，涉足物流、港口、矿山、煤炭、进出口贸易等多领域的大型现代化企业集团。过去，集团更多采用H型结构，采用运营型管控模式，全资控股每一个子公司。集团总部平台作用不明显，母子公司之间、子公司之间还没有很好形成1+1>2的整合协同效应。

二、组织架构和管控模式优化思路

1. 成立优化小组

集团成立专题项目组，优化集团的组织架构，提高整体效能。

2. 分析现状，找到集团管控模式、组织架构存在的主要问题：

（1）集团纵向是高集权的运营管控模式，随着下属业务规模的扩大，需要改变管控模式；

（2）集团总部平台搭建不完善，集团总部的协同作用没有发挥出来；

（3）纵向管控层次建设不完善；

（4）管控职权和流程体系不健全。

三、优化思路

为解决管控职权与流程缺失、执行效率和效果不佳的问题，项目组提出如下解决思路：

1. 改H型控股模式为M型事业部制

对各个子公司的管理由运营管控型改为战略管控型。给子公司放权，使之成为运营中心和利润中心。

2. 加强集团平台建设

在C集团，集团平台为战略投资、财务审计、核心人才管理与激励、核心业务决策和资源共享五大中心，并以此为依据设定总部对子公司的管理内容。

3. 清理纵向管控层次

明确纵向管控边界，把运营权下放，把集团建设成为资本中心和决策中心，子公司改成资产中心、运营中心，再往下的机构是执行中心和成本中心。

4. 健全职权和流程体系

重新梳理职权和流程清单。

四、职权和流程优化的主要特点

1. 明确集团管控模式的变化，以此为指导重新定义组织架构，包括集团平台建设、管控层级划分；

2. 明确集团总部与分子公司、高层与相关部门的职责界面；

3. 以公司战略和管控模式为基础，梳理关键职权和核心管控流程；

4. 明确管控的总体思路，明确核心管控流程的关键控制点；以此细化管控流程和制度，转变成可执行、可追溯的管控体系，并且建立流程和制度执行情况的考核和激励体系。

第八章

“5D+1C”模型的管控框架与边界

第一节　什么是管控框架与边界

管控框架与边界是管控体系模型里的第四个维度，是集团管控体系操作、落地的基本原则。

一、管控框架的定义

管控框架是管控体系设计框架，主要分两个方向：一个是纵向，一个是横向。在纵向上，管控框架包括管控层次和总部职能在各管控层次上的对接。在横向上，集团总部根据集团战略和组织架构，按照职能将管控体系进行划分。

依据功能，集团管控框架可以按照三大体系设计：职能体系、运营体系和监督体系。

职能体系：包括战略管控、财务管控、投资管控、人力资源管控、文化管控管控；

运营体系：包括生产管控、研发管控、供应链管控、营销管控、品牌管控、信息管控等；

监督体系：集团风险主要包括财务、运营、政策等风险，相应就有了审计管控、法务管控、公共关系管控、危机公关、安全管理等管控。

二、管控边界的定义

管控边界就是在各个管控模块上，界定集团、二级事业部、子（分）公司应该管理的范围；在权责、管控资源配置、管控运作等方面划分管控的边界。具体操作上，管控边界主要是在界定的多层级管控体系里，在某一职能模块上，上一层级部门与下一层级部门之间的管控职责和权限划分。

第二节　确定管控框架与边界五步法

一、确定管控框架与边界基础

首先确定集团战略、治理机制和组织架构，这三者是确定管控框架与边界的基础。

二、确定混合式的管控模式

管控框架是管控体系设计的基础。首先要根据集团的产权关系、业务模式和规模、发展战略、发展阶段、管理能力、经营区域、企业文化等一系列的影响因素，确定对子公司及业务单元的管控模式。

三、明确集团总部定位

（一）集团总部是资源共享中心

一般来讲，集团总部在集团内部打造以下资源共享：HR 高级人才共享和建设、资金的集中使用、大宗物资集中采购、产品的集中销售、研发的集中共享、风险危机的集中防范、专业服务的集中共享。在不同的管控模式下，集团总部平台需要发挥不同程度资源共享作用。

（二）不同的管控模式下，集团总部平台发挥的作用也不同。

在财务管控模式下，集团平台主要作用是投融资中心；

在战略管控模式下，集团平台主要作用是投融资中心、产业监控中心和宏观调控中心；

在运营管控模式下，集团平台主要作用是投融资中心、产业监控中心、宏观调控中心、服务支持中心、价值创造中心和制度输出中心。

四、细化集团总部核心职能

在确定不同管控模式的前提下，细化总部的核心职能。总部核心职能原则上分为战略规划、共享服务、资源配置和风险监控四个方面。除了总部职能的原则性分类，还需要结合具体情况，对于各职能模块进行重新自我再定位和细化。

管理工具

旅游产业集团如何进行资金集中管理

旅游集团往往涉及多地经营、多业态经营。近年来，随着旅游产业大跨步的发展，各子公司现金流充裕，有大量的经营性正现金流，集团面临着如何加强集团财务管控的问题，尤其是资金管控的问题。

1. 集团统一资金管控的作用

（1）及时掌控各子公司资金情况，加强资金管控，降低资金使用、管理风险；

（2）集中资金优势，提高资金使用效率，为集团跨行业、跨地区、多元化经营发展提供现金流支持；

（3）降低资金综合使用成本。

2. 集团实施资金集中管理的措施

(1) 选择合适的资金集中管理模式

可以采取收支一体化或者收支两条线、授权备用金模式或集团财务公司模式，加强资金控制。集团财务公司模式是集团比较常用的资金集中管理模式。

(2) 完善不同业务的制度和流程

集团针对财务通用的业务制定出财务管理、资金管理的框架与边界、制度与流程，规范指导子公司执行；各子公司制定出适合本企业的财务制度和流程，报集团财务管理中心审核批准、执行。

(3) 构建统一信息平台，提高效率

构建内部财务信息管理平台，降低沟通成本和管理成本，提高管理效率。

(4) 建立绩效考核体系和激励监督体系

正确运用激励和监督手段，保障资金集中管理的有效运行。

五、确定管控框架与边界划分原则

通俗地讲，管控框架指的是管控体系在上下层级部门之间的功能划分；管控边界指的是管控体系在上下层级部门之间的权限划分。

在管控边界的划分方面，最主要是解决集团总部和子公司及业务单元之间的边界管理（包括职能交叉问题和管理空白问题）。集团管控边界划分的总体评价标准是企业价值最大化。

管控边界划分遵循的原则如下：

1. 宁可重复，不要空白

在跨部门和跨层次的管控边界划分方面，既要避免职能重复，又要避免职能空白。相对于职能重复，职能空白的危害更大。

2. 协同价值最大化

集团管控的目的是在集团和子公司之间、子公司之间形成协同效应，产生"1+1>2"的效果。协同效应的大小取决于管控边界的清晰程度。

3. 管理损耗最小化

由于管控链比较长，跨层级管控会带来管理信息的失真，从而造成管理效率的损耗。要想降低管理损耗，必须压缩管控层次，使集团组织更加扁平化，缩短管控链和信息链长度。

4. 效率和成本做好平衡

在管控体系建设中，有一对天生的矛盾。一方面是管理效率，另一方面是管理成本。要想提高管控效率，就要增加管控成本。要在效率和成本之间做好平衡，追求管理效益最大化。

案例分析

D国际旅游集团信息管控

案例发生时间为2006年左右，当时集团信息管控还没有像今天这么发达。ERP体系刚刚在中国大陆兴起几年的时间。

该集团信息建设存在的问题：

1. 大量的"信息孤岛"，信息传递速度缓慢、耗时，总体信息质量差，集团财务管理监控缺乏必要的平台；

2. 各附属公司因为分布世界各地，会计科目不统一、会计制度不统一，导致会计信息缺乏可比性；

3. 行业分布广泛，财务管理重点不尽相同，难以找到一个统一的ERP软件来支持多种灵活的财务核算方式；

4. 附属地域分布遍及全球，要求系统提供多语言、跨平台的支持；

5. 数据量大、并发用户多，数据安全和系统稳定的保证尤为重要；

6. 领导决策主要依据手工编制的各类报告、报表，信息不全面，决策速度慢。

该集团管理的诉求：

首先，这个IT信息系统是集团统一会计语言和财务信息的平台，通过它，所有的会计软件在全球各个国家的会计科目得以统一，报表得以统一，于是，它变成了一个统一会计信息、会计语言的平台。

其次，这个IT信息系统是集团实现集中管理，特别是财务集中管理的平台，我们的资金、投资以及预算的集中管理都是通过IT信息系统实现的。

再次，这个IT信息系统是全面、准确、及时、可靠的财务分析平台，使集团每个月都能够对下属200多家附属公司、联营公司做出各种财务模型、经营模型和预算完成情况，每个月都有一个例会，财务部门会向集团高层和所有的中层集团汇报财务状况。

最后，这个IT信息系统是决策支持的平台，通过它达到经营的决策目标，去支持科学决策。

该集团的管控属于典型的战略控制型，加强ERP财务信息建设的主要目的如下：

1. 集中核算财务监管

（1）建立集团三统一会计核算体系；

（2）从集团管理角度对下属单位进行业务追溯分析；

（3）加强对下属单位经营活动的监管。

2. 跨地域不同会计制度的合并报表

（1）支持不同地区业务、不同会计制度的转换合并；

（2）内部交易及权益抵消；

（3）金蝶K/3等异构系统数据集成应用；

（4）满足国际化公司跨国业务合并的需要。

3. 绩效管理和考核体系

（1）根据集团经营指标，通过全面预算分解落实到各责任中心；

（2）在经营过程中，对责任中心指标完成情况进行动态监控评估；

(3) 对关键经营指标通过协同平台，进行实时控制；

(4) 经营结果作为责任绩效考核的依据。

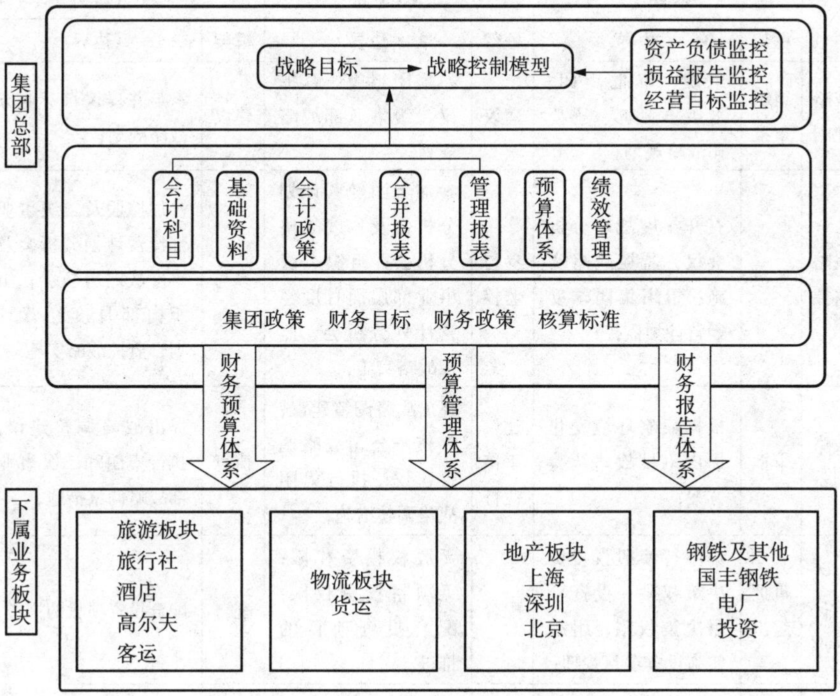

图8－1 集团管控解决方案示意图

第三节 集团管控框架与边界汇总表

管控框架与边界总结了在集团多层次架构下，各项管控职能具体运作的逻辑思路和框架，为设计具体的管控流程与制度奠定了基础和指导思想。管控框架与边界的设计输出结果是一套《集团管控框架与边界汇总表》。

一、战略管控框架与边界汇总表

	集团		二级事业部		子公司	
	框架	边界	框架	边界	框架	边界
战略规则	组织审批	组织、审批集团、二级事业部、子公司战略规划；	建议	在集团组织下，提议二级事业部战略规划；	建议	参与并提议自身业务战略规划；
战略监控	监控	召开年度战略分析会议，监控战略实施；组织集团季度经营计划监控；	参与监控	参加集团经营计划分析会及年度战略分析会；组织二级事业部层面月度经营计划分析会，监控战略实施；	参与	参加控股及二级事业部经营计划分析会及年度战略分析会；组织内部月度经营计划，监控战略实施；
战略调整	审批	根据战略环境变化提出审批战略调整方案；	建议审核执行	提出战略调整建议；审核子公司战略调整建议；执行集团战略调整措施；	执行	提出战略调整建议；执行集团和二级事业部战略调整措施；
投资项目管理	审批组织	集中行使股权投资决策权限；投资项目决策权限；组织实施投资项目管理；	配合	无股权投资权限；无项目投资权限；配合投资项目的推进；	配合	配合投资项目的推进；
内部技改项目	审批监督	对超过二级事业部审批权限项目进行审核；备案二级事业部自主决策内部技改投资方案	审批审核监督	审批一定限额的技改投资，并对实施情况进行监督；备案子公司自主决策内部技改投资方案	审批执行	审批一定限额内的技改投资；执行经审批的内部技改项目

二、经营计划管控框架与边界汇总表

	集团		二级事业部		子公司	
	框架	边界	框架	边界	框架	边界
计划编制	指导审批	下达经营目标，指导二级事业部编制年度经营计划；审批二级事业部的年度经营计划；	提案执行	编制二级事业部年度经营计划并呈报集团审批；指导下属子公司编制年度经营计划；	提案执行	编制公司年度经营计划并呈报上级审批；执行集团批准后的年度经营计划；

续表

	集团		二级事业部		子公司	
	框架	边界	框架	边界	框架	边界
计划监控	监督	对经营计划进行监控分析，确保年度经营计划的完成；	监督参与	组织对各子公司年度经营计划执行情况进行监控分析；参与集团经营计划监控；	执行参与	对经营计划执行情况进行监控分析；参与集团和二级事业部的经营计划监控；
计划调整	审批	集团根据经营环境变化提出或审批经营计划调整建议；	建议审核执行	提出经营计划调整建议；审核子公司战计划调整建议；执行审批后的计划调整方案；	执行	提出经营计划调整建议；执行审批后的计划调整方案；
成果考核	考核奖惩	考核二级事业部；审批三级子公司考核结果	建议申诉	考核子公司；可以就二级事业部的考核结果提出申诉	申诉	可以就二级事业部考核结果向集团提出申诉

三、财务管控框架与边界汇总表

	集团		二级事业部		子公司	
	框架	边界	框架	边界	框架	边界
制定核算标准	制定审批监督	组织制定核算标准；审批核算标准；监督核算标准执行；	建议执行监督	提出相关建议；执行核算标准；监督核算标准执行；	建议执行	提出相关建议；执行核算标准；
预算管理	审批监督	提出整体预算计划和要求；指导编制预算；监督和分析预算执行；审批预算调整的申请；	审核执行	组织二级事业部的预算编制；呈报控股集团审批；执行预算计划；分析预算执行情况；	提案执行	预算编制工作；呈报二级事业部审核；执行预算计划；分析预算执行情况；
资金收支计划	审批监督	审批资金使用计划；监督资金使用状况；	审核提案执行	组织、编制、报批资金使用计划；执行资金使用计划；	提案执行	编制、报批资金使用计划；执行资金使用计划；
融资管理	审批监督	统一对外融资；审批融资计划；监督审计融资的使用情况；	提案执行	编制公司融资计划；呈报控股集团审批；执行融资计划；	提案执行	负责编制公司融资计划；呈报二级事业部审核；执行融资计划；

续表

	集团		二级事业部		子公司	
	框架	边界	框架	边界	框架	边界
现金管理	审批	审批本级的现金支出；本级现金日常管理；	审批	审批本级的现金支出；本级现金日常管理；	审批	审批本级现金支出；本级现金日常管理；
账户管理	审批 审核	审批二级事业部和子公司的账户开立和撤销；汇总银行存款；	审核 执行	审核子公司账户开立和撤销；上报银行存款；	建议 执行	建议账户开立和撤销；上报银行存款；
担保管理	审批 监督	审批集团对子公司的担保；审批对外担保行为；监督对外担保的实施情况；	审批	审批二级事业部为控股子公司担保；	执行	执行审批后担保；
募集资金使用	审批	审批募集资金使用计划；	审批 执行	执行募集资金使用计划；	执行	执行募集资金使用计划；
税收管理	审批 指导 执行	审批下属业务单元纳税申报；指导开展税收筹划；本地公司由集团统一纳税；指导汇算清缴和项目清算工作；	审核 执行 指导	审核子公司进行纳税申报；指导下属公司开展税务筹划，政策宣传；组织汇算清缴和项目清算工作；	执行	开展税务筹划，进行纳税申报；执行汇算清缴和项目清算工作；
固定资产管理	审批	审批规模以上固定资产投资；	审批 审核	审批子公司规模以上的固定资产投资，审核超出审批权限的固定资产投资，并上报至集团审批；	审批	审批规模以下固定资产投资；规模以上固定资产投资报二级事业部审核；
会计报表管理	审阅 编制	审阅二级事业部会计报表；汇总编制集团会计报表；	审阅 编制	审阅子公司会计报表；汇总编制二级事业部会计报表；	编制	编制子公司会计报表；
财务审批	审批	本级管理费用、借款及销售费用；二级事业部总经理的费用；二级事业部及所属子公司一定限额或某类广告费用支出；	审批	本级管理费用、借款及一定限额或某类广告费用支出；本地子公司总经理的费用；	审批	子公司管理费用、借款及一定限额或某类广告费用支出；

续表

	集团		二级事业部		子公司	
	框架	边界	框架	边界	框架	边界
统计管理	审核执行	审核汇总各类统计报表；	审核执行	审核汇总子公司统计数据；	配合	配合提供统计数据；
财务检查	组织指导	组织财务检查；对财务检查进行指导；	执行	按集团要求执行财务检查；	配合	配合二级事业部财务检查；
应收账款管理	—	—	监督指导	建立相关管理制度并监督执行；对子公司应收账款管理进行指导；	建议执行	对应收账款管理提出建议；执行应收账款管理规定；
存货管理	—	—	监督指导	建立相关管理制度并监督执行，对子公司存货管理进行指导	建议执行	对存货管理提出建议；执行存货管理规定

四、人力资源管控框架与边界汇总表

	集团		二级事业部		子公司	
	框架	边界	框架	边界	框架	边界
人力资源规划	指导审批监督	指导制定人力资源规划，审批人力资源规划方案；监督人力资源规划方案实施；	制定申报执行	指导制定子公司人力资源规划；向集团申报人力资源规划方案；组织实施人力资源规划；	制定申报执行	制定申报人力资源规划方案；实施人力资源规划；
定岗定编管理	审批监督	审批二级事业部及子公司行政人员编制，监督人员编制的实施；	提案审核	制订、申报、执行行政人员编制；审核子公司定岗定编方案；	提案	建议、申报、执行行政人员编制；
招聘管理	组织	集团除总裁外所有岗位、二级事业部中高级管理人员、中高级技术人员、子公司经营班子成员的招聘；	组织参与	二级事业部其他人员的招聘组织；参与子公司中层管理人员和中高级技术人员的招聘；	组织	在编制范围内组织子公司中层管理和中层技术以下人员的招聘；

续表

	集团		二级事业部		子公司	
	框架	边界	框架	边界	框架	边界
薪酬福利管理	审批监督	制定集团统一的薪酬政策和制度并监实施；审批二级事业部的薪酬发放，审批二级事业部及子公司薪酬调整；	提案执行审核	执行并监督集团的薪酬政策和制度；审核子公司薪酬发放；提出薪酬调整建议；	提案执行	执行集团的薪酬政策和制度，提出薪酬调整建议；
绩效管理	审批监督备案	建立、指导、推行绩效管理体系；审批二级事业部及子公司经营班子的考核结果；备案相关人员考核结果；	审批执行监督	在集团指导下建立绩效管理体系并实施；指导子公司推行绩效管理；审核、审批子公司中层副职以上人员的考核结果；	提案执行	在集团及二级事业部的指导下建立绩效管理体系并实施；
培训管理	指导执行备案	制订集团培训计划并实施，指导二级事业部和子公司的培训工作；备案二级事业部培训计划；	指导执行备案	制订二级事业部培训计划并实施；指导子公司的培训工作；备案子公司培训计划；	提案执行	制订子公司培训计划并实施，并上报备案；参加上级组织的相关培训；
干部招聘及任免	建议审批备案	提名二级事业部经营班子及本级部门负责人人选；考察审批二级事业部中层以上及子公司经营班子任免，子公司中层以上干部任免备案	建议审核	向集团推荐子公司经营班子及本级中层干部任免；为干部任免提供决策参考；审核子公司中层干部任免	建议审批	审批子公司中基层干部人选；为子公司的干部任免提供决策参考

五、审计稽查管控框架与边界汇总表

	集团		二级事业部		子公司	
	框架	边界	框架	边界	框架	边界
专项财务审计	审计	制订财务审计计划并执行；针对审计结果提出相关建议或报告；	配合	配合集团的审计；执行审计整改建议；	配合	配合集团的审计；执行审计整改建议；

续表

	集团		二级事业部		子公司	
	框架	边界	框架	边界	框架	边界
工程审计	审计	组织相关部门开展工程审计；提出审计结果；	配合	配合集团工程审计；	配合	配合集团工程审计；
离任审计	审计	组织相关部门开展离任审计，提出审计结果；	配合	配合集团离任审计；	配合	配合集团离任审计；
重大经营异常	审计	组织相关部门开展重大经营异常审计提出审计结果；	配合	配合集团异常审计；	配合	配合集团异常审计；
稽查工作	稽查	组织稽查工作，提出整改或处理建议；	配合	配合稽查工作；执行整改建议；	配合	配合稽查工作开展；执行整改建议；
招标监督	监督	对招标过程进行监督审计	监督	对子公司招标过程进行监督审计	配合	—

六、企业文化管控框架与边界汇总表

	集团		二级事业部		子公司	
	框架	边界	框架	边界	框架	边界
企业文化规划	组织	制定企业文化规划；统一构建集团企业文化；	审核执行	制订企业文化工作计划并执行；审核子公司企业文化工作计划；	执行	制订企业文化工作计划并执行；
企业文化活动实施	组织审批	组织集团企业文化创建活动；指导、审批、监督二级事业部和子公司企业文化创建；	组织审核	组织执行集团统一的企业文化创建活动；指导、审核、监督子公司企业文化创建；	配合执行	配合开展企业文化创建活动；开展企业文化相关活动；
企业文化评估	组织	统一对企业文化实施效果进行评估；	配合	配合对企业文化实施效果进行评估；	配合	配合对企业文化实施效果进行评估；

续表

	集团		二级事业部		子公司	
	框架	边界	框架	边界	框架	边界
对外对内宣传	组织监督	组织内部刊物、网站等媒介统一对外、对内宣传；监督检查二级事业部及子公司的宣传	执行监督	根据集团统一要求进行对内、对外宣传；监督检查子公司宣传	执行	根据集团及二级事业部统一要求进行内部宣传

七、公共关系与品牌管控框架与边界汇总表

	集团		二级事业部		子公司	
	框架	边界	框架	边界	框架	边界
公共关系维护	审批指导执行	集团的对外接待组织与协调；对外公关支持及资源配置；审批二级事业部重大公关活动方案；	审批指导执行	二级事业部对外接待组织与协调；对外公关支持及资源配置；审批子公司重大公关活动方案；	执行参与	子公司对外接待组织与协调；
危机公关	组织	统一组织应对重大突发事件、危机公关；	参与	参与应对重大突发事件、危机公关；	参与	参与应对重大突发事件、危机公关；
对外形象宣传	审批执行	审批二级事业部的对外宣传；执行公司对外宣传工作；	审核执行	审核子公司对外宣传；执行二级事业部对外宣传工作；	执行	执行对外宣传；
公司品牌管理	审核执行	制定公司品牌管理标准；制订集团公司品牌宣传方案并实施；二级事业部及子公司品牌宣传检查；并购企业品牌整合方案与实施	审核指导执行	制订二级事业部品牌宣传方案并上报；实施品牌宣传方案；子公司宣传方案监督与审核	提案执行	制订子公司宣传方案并上报审核；实施宣传方案

第九章

“5D+1C”模型的管控流程与制度

第一节　管控流程与制度

管理流程与制度是集团管控体系模型里的第五个维度。在第四个维度里，集团明确了多级管控层次下，每一个管控层次在不同管控模块下的功能定位（框架）和承担的职责（边界）。但这毕竟是一套管控体系的框架和边界，还不能完全应用，还不能具体落地。

为了使管控体系真正落地，必须最后落实到集团总部对分子公司的管控流程和制度上来，包括流程和制度编制计划、编制流程、制定制度、固化输出、偏差分析、优化提升等几个方面，这也是一套标准的 PDCA 过程。

为了建立一套适应集团管控的制度和流程管理体系，我们必须在下面五个方面下功夫：

1. 设立一个统一的流程和制度管理机构；

2. 采用一套统一的流程描述语言：一套强制统一的流程描述语言能够减少流程描述的差异，减少不同管理者、不同部门针对同意流程理解的差异性，避免“鸡同鸭讲”；

3. 梳理一套统一的流程和制度手册：一套综合的流程和制度手册是集团管控体系建设的阶段性标志。企业的业务流程涵盖了集团几乎所有的重点的端到端的流程。业务流程体现了企业管理思想和理念整合，而管控制度又是这种流程落地、实施的文字性描述；

4. 建立一套统一的流程和制度清单：将集团管控的相关制度与流程文件整合在一起，按照一定的逻辑关系进行分类，理清其内在联系，编制流程和制度清单，用于管理“管控流程与制度识别、分级、规划”成果；

5. 建立一个统一的信息化流程管理平台：建立、修改和发布集团及子公司所有的业务流程和制度。

第二节　流程概述

一、流程的定义

按照管理学解释，流程是指在工业品生产中从原料到制成品各项工序安排的程序。根据《牛津词典》的解释，流程是指一个或一系列连续有规律的行动，这些行动以确定的方式发生或执行，促使特定结果的实现；迈克尔·哈默认为，“业务流程是把一个或多个输入转化为对顾客有价值的输出的活动。”而国际标准化组织在 ISO 9001：2000 质量管理体系标准中给出的定义是：“流程是一组将输入转化为输出的相互关联或相互作用的活动”。

二、流程的六要素

流程有六个要素：资源、过程、过程中的相互作用（即结构）、结果、对象和价值。具体来讲，就是流程的输入资源、流程中的若干活动、流程中的相互作用（例如：串行还是并行？哪个活动先做？哪个活动后做？这些即为流程的结构）、输出结果、顾客、最终流程创造的价值。

三、三级流程

在企业内部，流程有着非常严密的层次性。也就是说，要按照“从粗到细、从宏观到微观、从端到端的流程到具体操作的明晰流程"进行分解。通常我们将企业内部的流程分为三级：

1. 一级流程：按价值链图划分的以域为核心的高阶流程，是公司级的跨部门流程，是端到端的高阶流程；

2. 二级流程：在每个域内以域过程为核心的中阶流程，是部门级跨岗位流程；

3. 三级流程：对域过程进行细分，以业务活动为核心的低阶流程，是岗位级操作规程，由子流程（即四级流程）和业务活动构成；

三者之间具有严格的逻辑关系，上一级流程中的某个过程环节可以细化成下一级完整流程。

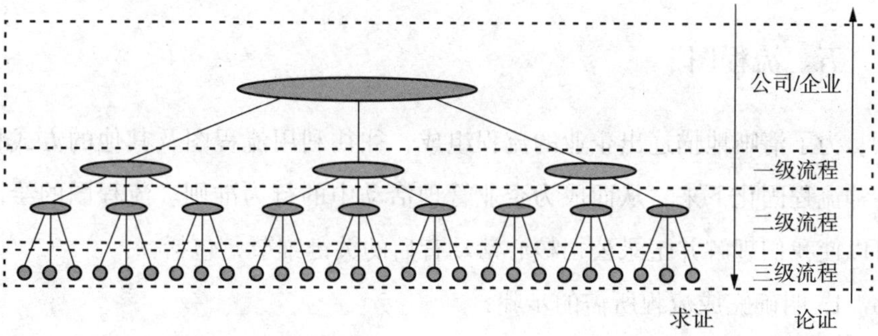

图 9－1　三级流程图

案例分析

研发管理的三级流程

一级流程：产品策划、产品开发、产品测试、产品发布等；

二级流程：在产品开发里的需求分析、概念设计、详细设计、代码开发等；

三级流程：需求分析里的业务流程分析、业务对象分析、原型绘制、SRS 编写、需求评审等。

四、流程分类怎么做

流程分类始于整体地观察企业，流程的类别和层次构成了流程体系。分类的原则：完全穷尽，相互独立——MECE 原则。

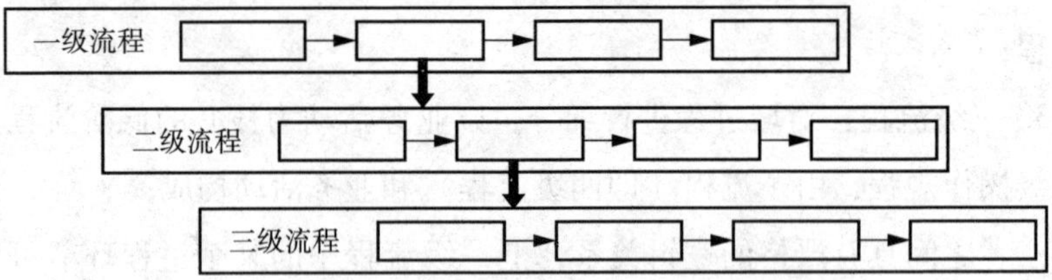

图 9－2　流程分类图

五、流程图

为了清晰地描述出企业的流程组成，往往利用流程图及其他的方式将各种流程固化下来，从而成为企业管理活动中的行为准则。流程图的绘制可以使我们理解并记录公司核心活动背后的关键细节，包括：

1. 明确完成流程所需的步骤；
2. 明确流程中的关键决策点；
3. 明确与流程相关的文档记录；
4. 明确相关任务的负责人；
5. 实现现有流程的可视化；
6. 将复杂流程分解为简单步骤。

六、流程设计的“七大原则”

1. 要从工作的目标而非工作的过程出发；

2. 剔除对内部客户和外部客户不增值的活动，使企业内部和外部客户反应速度加快；

3. 在流程进程中设置流程质量监控机制，对于任何工作，在工作过程中发现质量问题比在工作完成后的返工成本要低得多；

4. 流程中涉及决策权限和解决责任应尽量靠近那些直接参与的职位；

5. 尽可能使同一个人完成一项完整的工作流程，以便减少交接和重复工作；

6. 在流程的关键结点上都设置流程绩效，确保流程的实施；

7. 明确定义流程中各结点的相互关系。

七、流程设计的“七大技巧”

在流程优化的核心工作是“流程差距分析与流程设计”，其中流程设计中最基本的流程处理技巧，它主要包括以下 7 种技巧：

1. 纵向压缩：尽量减少部门内部的活动承接，而使许多活动转由一个人去完成，进而提高内部完成的效率，同样也可以提高流程运行的质量。

2. 横向集成：尽量减少部门之间的交接和直接协调活动，依据流程达到的绩效来划分流程活动的归属，即达到的绩效对哪个部门或岗位有最大的影响，则这些流程活动就应该归属于那个部门或岗位，这样一来，也方便企业的绩效责任考核，也可以提高流程界限的划分依据。

3. 并行工程：改变活动前后承接的观念，而转向许多活动同时开始操作，就如同电路中的并联。以并联为主，结合串联来提高流程的效率。

4. 单点接触客户：体现“一对一”的管理原则。面对流程客户的时候，最好是一个部门或一个岗位去面对同一流程客户，提高客户接受产品、服务、信息的唯一性。

5. 过程多样化：流程运行中，很多过程考虑更多的操作环节，尽力达到流程的标准化。

6. 减少控制环节：要尽量减少控制环节和控制的标准化，提高控制的效率。

7. IT 技术的应用：通过引进先进操作系统或 IT 技术的开发，来规范企业的业务和管理活动，以提高企业正常的运转效率。

八、如何绘制企业流程图

企业的流程图分为单体流程图和综合流程图。

1. 单体流程图的绘制

跟踪活动的转移，就能清楚地知道该流程是如何运作的，可一步步地记下各活动名称和活动之间的关系，把它们连接起来，就成了特定的单体流程图。

2. 综合流程图的绘制

首先要绘制其公司级的综合流程图，再根据需要绘制次级的综合流程图。在绘制公司级的综合流程图时，要理清企业中有哪些主要的单体流程，这些单体流程之间的关系如何，其层次性又如何；通过高度的概括，使这些单体流程尽可能的包含进去，形成一些最高级主要流程，再理清这些主要流程之间的关系，从而可绘制出企业的高阶层综合流程图。

第三节 流程优化

一、流程优化六步法

流程优化分为六步，包括立项、流程分析与诊断、流程优化设计、IT方案设计与开发、新旧流程切换和项目关闭。

（一）流程分析与诊断

表 9－1 流程现状分析表

流程目的：
流程目标：
流程的客户：

续表

流程所有者：							
岗位及职责：							
流程的上下端流程：							
序号	时间点	活动名称	具体工作描述/管理原则/经验点/工作质量要求/异常处理	存在问题			用到的相关文件（制度/操作手册/模板/表格）
				描述/证据	原因分析	重要度	
1							
2							
3							
4							
5							
6							
7							
8							

备注：1. 流程优化信息来源：已有的流程文件；实际运作描述；工作记录文件；工作绩效分析报告；日常流程问题记录；客户调查报告。2. 最好有流程的量化评估数据。

（二）ASME 表格：非增值活动、非增值率

ASME 标准，是美国机械工程师协会标准，ASME 最大的优点是可以清晰地表达流程中各个活动是否是增值活动，清楚地显示非增值活动所在的环节。增值活动和非增值活动的判断标准如下：

1. 增值活动是直接为顾客创造价值的活动，没有它，流程无法进行下去。

2. 非增值的活动包括必要但非增值的活动和不必要的非增值活动（即浪费）两种。必要但非增值的活动多数发生于支援部门的非增值行为，有些是必要的，如出于风险控制的检查、检验和审批，但更多的是看似必要，例如：检验、检查、繁杂的审批过程、冗长的会议等。

3. 浪费，即既不增值也无助于增值的工作。没有它，顾客也根本不在意，因而，需要彻底地将其消除。

表 9－2　ASME 增值活动分析表

招标流程增值活动分析表								
序号	活动名称	活动内容/过程	增值活动	非增值活动	检查	等待	耗费时间	活动人
1.	接收采购计划	进行熟悉，估计材料价格	●				0.5—1 天	采购岗位
2.	填写询价单	填写询价单	●				0.5—1 小时	采购岗位
3.	推荐供应商，下发询价单	填写询价单位推荐表	●				10—30 分钟	采购岗位
4.		参与讨论人员会签		●			10 分钟	采购岗位计划岗位
5.		推荐单位领导签字		●			30 分钟	器材供应站主任
6.		公司领导签字		●			0.5—1 小时	公司主管领导
7.		下发询价单至已审核同意的供应商	●				30 分钟	采购岗位
8.	组织协商谈判	密封报价，按采购程序组织报价	●				0.5—1 小时	采购岗位
9.		进行谈判，确定中标单位	●				30 分钟	采购岗位
10.		填写谈判报告	●				15—30 分钟	采购岗位
11.		参与谈判人员签字		●			10 分钟	参与谈判人员
12.		监察人员签字		●			10 分钟	审计监察部
13.	签订合同	拟定合同	●				1—2 小时	采购岗位
14.		填写合同签约审批表	●				15—30 分钟	采购岗位
15.		承办单位		●			15—30 分钟	器材供应站主任
16.		业务主管领导		●			0.5—1 小时	业务主管领导
17.		合同主管领导		●			0.5—1 小时	合同主管领导
18.		财务部		●			15 分钟	财务部主任
19.		企管法规部		●			15 分钟	合同管理岗位
		合计	11	10	0	0	595－1050	

管理工具

流程活动的三种类型

1. 增值活动：如受理、检查、改进等；

2. 非增值活动：如等待、反复审核审批等所造成的浪费；

3. 无效活动（减值活动）：如提供不必要的报告，开展不必要的审核和检查，工作失误，返工，等等。

（三）流程过程价值分析（举例）

表9-3 流程过程价值分析表

流程的客户		**公司内部员工**	
客户认为的价值		1. 配送的良好服务态度；2. 配送的及时、准确、安全、完好使客户收到所需的物资；3. 物资的签收方便、简洁	
流程的主要活动分析			
流程流经的岗位名称		岗位的主要活动	创造的价值
岗位1：	需求人员	需求申请	提出物资申请
岗位2：	综合员	需求审批	确保物资出库安全
岗位3：	行政中心物资管理员	审核需求审批是否完备；通知配送公司上门接收物资；系统出库数据的确认	确保配送物资及账务数据安全、准确
岗位4：	行政中心班组长	需求审批	确保物资领用的合理性
岗位5：	行政中心室经理	需求审批	确保物资领用的合理性
岗位6：	行政中心部门经理	需求审批	确保物资领用的合理性

（四）流程优化的ESIA

表9-4 流程优化ESIA

	清除E	简化S	整合I	自动化A
原则	首先，应该找出并彻底铲除非增值的活动；	在尽可能地清除非必要的活动之后，应该对剩下的必要活动进行简化	经过简化的任务需要经过整合，使之流畅、连贯并能满足顾客需要；	在上述工作的基础上，充分运用与发挥信息技术自动化的功能，提升流程速度与加强顾客服务的准确性和实效性；

续表

	清除 E	简化 S	整合 I	自动化 A
具体切入点	过量生产；等待时间；运输、转移和移动；不增值加工处理环节；库存；缺陷、故障和返工；重复任务；信息格式重排或转化；	表格；程序；沟通；技术指导；物流；流程间组织；问题区域	活动；团队；顾客（流程上游方）；供应商（流程下游方）	以工作流程为核心流转；业务流程和信息流高度整合；基于计算机化管理的数据采集、传达和分析
改造后的流程特点	企业组织趋于扁平化；同步并行工作代替顺序工作方式；复合型人才的作用增大；管理者的工作职责由控制和监督转变为指导、帮助和支持			

第四节　流程管理

一、流程管理定义

流程管理（Process Management），就是从公司战略出发、从满足客户需求出发、从业务出发，进行流程规划与建设，建立流程组织机构，明确流程管理责任，监控与评审流程运行绩效，适时进行流程变革。

流程管理是一种以规范化的构造端到端的卓越业务流程为中心，以持续的提高组织业务绩效为目的的系统化方法。它应该是一个操作性的定位描述，指的是流程分析、流程定义与重定义、资源分配、时间安排、流程质量与效率测评、流程优化等。因为流程管理是为了客户需求而设计的，因此，这种流程会随着内外环境的变化而需要加以优化。

二、流程管理目的

通过实施流程管理，企业力争消除人浮于事、扯皮推诿、职责不清、执行不力的痼疾，从而达到企业运行有序、效率提高的目的。具体来讲，流程管理有助于企业明确以下内容：

1. 企业的所有事务工作分别由谁做、怎么做以及如何做好的标准；

2. 消除了部门壁垒、消除了边界管理中的空白地带；

3. 全体员工潜能的释放和积极性的发挥，大大提高企业的整体运行效率和效益，大大增强企业的核心竞争力。

第五节　集团管控流程

战略目标的落地还需流程来支撑。集团管控流程就是集团总部对下属业务单元进行管理的具体步骤和具体要求。集团企业与单体企业最大的区别是，集团企业具有多法人、多元化、跨区域、复杂系统的特点。集团管控的关键在于如何通过管理使集团利益最大化，确保集团经营所得利益大于各单体经营利益之和。

一、集团流程梳理与单体企业流程梳理的区别

集团流程梳理和单体企业的流程梳理，有一些不同的地方。详见表9－5：

表9－5　集团流程梳理和单体企业的流程梳理区别

	集团流程梳理	单体企业流程梳理
关注重点	对业务进行管控；制定业务标准； 参与部分业务环节，包括业务的重要关键环节；	企业生产经营闭环中的设计、制造、销售、交付、售后服务等业务环节的端到端管理；
流程梳理主次	管控模式确定、部门设立、职责划分是主，流程梳理是次；	不需要对管控模式、部门职责进行详细划分，流程梳理为主；

续表

	集团流程梳理	单体企业流程梳理
流程内容	集团没有业务执行流程，业务执行流程在子公司；管理类流程居多。典型的流程环节是制定规则（文件）、下发规则（文件）、检查规则（文件）执行；协调类的流程在集团职能部门，其他的流程在子公司；	流程内容主要包括生产、销售、交付的等业务执行流程；产生问题、协调问题、具体解决问题的流程在单体公司内部；
梳理范围	只是集团职能部门，子公司不在流程梳理范围之内。	深入了解公司的业务，并做流程梳理；
优化效果	集团流程优化，明晰了职能部门职责范围，解决了职能交叉、职能空白等问题；如果没有对这些分子公司的流程进行优化，就无法达到客户满意的目的	有助于提升收入、效率、客户满意度

二、集团管控流程建设重点

（一）重点管控流程建设

战略目标的落地还需要流程来支撑。集团管控流程就是集团总部对下属业务单元进行管理的具体步骤和具体要求，是集团总部的管理抓手。通过这些管控路程，确保集团对下属业务单元关键事项管理上，遵循统一的规则和要求。但是，具体需要对哪些流程进行规定，则要取决于集团管控的授权程度。通常来说，集团管控的关键流程应至少包括战略管控流程、经营计划管控流程、人力资源管控流程、财务管控流程、投融资管控流程、技术开发管控流程、公共关系与品牌管控、风险管控（审计稽查）流程和企业文化管控等内容。

（二）总部管理的流程建设

企业还应根据自身的经营特点，建立其他总部管理的流程。

（三）管控制度建设

建立管控流程的同时，还应辅以制度。管控流程与制度从来就是相辅相成的，流程提供做事的方法和要求，制度提供约束机制，是企业的游戏规则。如果流程是河流，制度就是巩固河流的堤坝。要使河流不会泛滥成灾，梳理河道和加固堤坝都是不可或缺的。流程是制度的灵魂，制度是流程得以执行的保障。

三、集团管控流程建设输出物

梳理出一套统一的流程和制度手册：一套综合的流程和制度手册是集团管控体系建设的阶段性标志。企业的业务流程涵盖了集团几乎所有的重点的端到端的流程。业务流程体现了企业管理思想和理念整合，而管控制度又是这种流程落地、实施的文字性描述。

案例分析

集团公司规范化管理流程手册目录

第六节　集团管控流程与制度清单

建立一套统一的流程和制度清单：将集团管控的相关制度与流程文件整合在一起，按照一定的逻辑关系进行分类，理清其内在联系，编制流程和制度清单，用于管理管控流程与制度识别、分级、规划成果。

表 9－6　集团管控流程与制度清单

集团管控流程与制度清单				
部门：		责任人：	制定时间：	
编号	支持制度	二级流程	编号	三级流程

管理工具

某钢铁集团管控流程与制度清单

部门：财务管理中心		责任人：		制定时间：
编号	支持制度	二级流程	编号	三级流程
YSG－CW－01	集团财务核算制度			
YSG－CW－02	集团预算管理制度	预算管理流程	YSG－CW－YS－01	预算编制流程
			YSG－CW－YS－02	预算调整流程
			YSG－CW－YS－03	预算分析流程
YSG－CW－03	集团资金管理制度	资金管理流程	YSG－CW－ZJ－01	融资管理流程
			YSG－CW－ZJ－02	资金收支计划管理流程
			YSG－CW－ZJ－03	对外担保管理流程
			YSG－CW－ZJ－04	募集资金使用流程
			YSG－CW－ZJ－05	现金管理流程
			YSG－CW－ZJ－06	账户管理流程

续表

部门：财务管理中心　　责任人：　　制定时间：

编号	支持制度	二级流程	编号	三级流程
YSG－CW－04	集团成本管理制度		YSG－CW－ZB－01	成本标准制定流程
YSG－CW－05	税收管理制度		YSG－CW－SW－01	税费缴纳流程
			YSG－CW－SW－02	税务稽查流程
			YSG－CW－SW－03	汇算清缴流程
			YSG－CW－SW－04	项目清算流程
YSG－CW－06	集团固定资产管理制度		YSG－CW－GD－01	
YSG－CW－07	集团会计报表管理制度	会计报表管理流程	YSG－CW－BB－01	资金报表报送流程
			YSG－CW－BB－02	税务报表报送流程
			YSG－CW－BB－03	统计报表报送流程
			YSG－CW－BB－04	财务报表报送流程
YSG－CW－08	外派财务人员管理制度		YSG－CW－WP－01	外派财务人员问责流程
YSG－CW－09	集团财务审批制度	集团财务审批总流程	YSG－CW－SP－01	管理费用审批流程
			YSG－CW－SP－02	销售费用审批流程
			YSG－CW－SP－03	借款审批流程
YSG－CW－10	集团发票管理制度		YSG－CW－FP－01	内部发票管理流程
			YSG－CW－FP－02	外部发票管理流程
YSG－CW－11	集团统计管理制度	集团统计管理总流程	YSG－CW－TJ－01	统计管理流程
YSG－CW－12	集团财务检查制度		YSG－CW－JC－01	财务检查流程
YSG－CW－13	集团应收账款管理制度		YSG－CW－YS－01	应收账款管理流程
YSG－CW－14	集团存货管理制度		YSG－CW－CH－01	存货管理流程

第十章
"5D+1C"模型的企业文化

第一节 企业文化

一、企业文化的内涵

企业文化是企业在经营生产过程中形成的，企业所独有的使命、价值观、愿景、信念、仪式、符号、处事方式等因素组成的一种管理文化。企业文化的核心是企业精神和价值观，包括价值观念、经营方式、企业精神、道德规范、文化观念、思维方式、行为准则、企业制度、历史传统、文化环境等内容。企业文化是企业做事时的思考方式，也是员工在从事经营活动中所秉持的价值观念，它是企业的精神财富。

企业发展史的研究证明，越是优秀的企业，越注重卓越的企业文化建设。企业文化是企业持续发展的源泉和动力，是建设基业长青、百年企业的基石。企业文化建设的越成功，企业文化底蕴越丰厚，凝聚力和活力越强，团队协作意识和创新意识越好，抗风险能力和竞争能力越强，越有可能从优秀到卓越，越有可能基业长青。

通过上面的分析可以看出，在集团管控中，企业集团一定要加强企业文化建设。它不是集团管控体系建设的某一个维度，而是为集团管控创造的文化环境，是一个文化磁场。它统一了集团公司多级管控体系下员工的价值观和做事思维方式。企业文化管控最高级的管控形式，也是最难的管控形式，因为企业文化是触及企业和员工灵魂的东西，但同时又是“看不到，摸不到，能感知”。

二、企业文化建设内容

按照管理学上的一般定义，企业文化由三部分组成，从里往外，依次为理念层、制度层和物质层，分别是精神文化、制度文化、行为文化和物质文化。这四者的关系是依次递进的：

1. 精神文化是企业的理念、核心价值观，是企业经营哲学，是制定各种规章制度的灵魂体现；

2. 企业文化是靠制度来统一、传播和固化的，企业要编写《企业文化手册》，提炼企业的核心价值观，用明确的文字，统一对外做核心价值观和企业经营理念诠释、宣传，用制度来规范员工的行为。同时，企业文化也是企业制定各种制度的思维基础；

3. 企业文化指引规范员工的行为，企业要编写《企业员工行为规范》，从小处着手，让企业文化来统一员工的日常行为；

4. 企业文化最终体现在物质文化上。物质文化是企业文化的外在体现，具体是指企业色、企业装修风格、CI 策划、公司 LOGO，甚至公司的办公大楼、机器设备、生产车间布局、生产线布置、员工的共同爱好、着装、生活环境、对待产品质量的态度等，都在体现着企业独有的企业文化。

第二节　企业文化建设的六大误区

一、企业不需要文化

有些观点认为，企业首先是一个经济组织，员工和企业之间是雇佣关系、合同关系，一切都要靠制度说话。例如，员工按照公司制度要求进行经营和生产，企业按照公司制度来组织生产、按劳分配。这是企业文化虚无论的典型代表。

企业本质是由不同价值观和思维方式的人组成的，企业文化是反映的所有团队成员的价值观集合。有人的地方就有江湖，有江湖的地方就有是非。也就是说，有人的地方就有文化，或者说有人的地方就需要文化整合和建设。企业文化最主要的作用就是用强势统一的企业价值观，代替五花八门的个人价值观，统一企业员工做事的思维方式。

二、企业只有发展到一定规模后才需要文化

许多企业认为，做企业首先要追求活着。在解决生存问题之前，或者说达到一定规模之前，企业都不需要文化。而现实是，无论多大年纪的人都有思想。推而广之，无论多大规模的企业，都需要文化。良好的企业文化是企业能否成功必要条件，是企业成功的基础。否则，没有良好的企业文化，即使成功了，也是流星，没有底蕴，稍纵即逝。做人是这样，做企业亦是如此。

企业文化还有一个特点，如果企业不早一点构建企业文化，它就会自发形成。如果你不尽早开始构建企业文化，那么它将自发形成，没有引导、不受控制，到时企业收获的将是一个自己并不想要的企业文化。百年大计，文化为本；企业文化建设，从企业成立时抓起。

三、企业文化完全是老板文化，文化建设是自上而下的

企业文化很大程度上反映了创始人的文化，或者变革者的文化。许多企业就认为：企业文化是老板文化，是自上而下的，企业员工不是主动的参与者和创造者，只要被动接受、执行就行了。

一些企业的企业文化建设“采取自上而下”的方式，首先是老板制订一个大纲，然后寻找外面咨询公司设计了一套企业文化体系，最后在全体员工中宣传贯彻。这种体系的设计最大的问题就是缺乏自下而上的沟通，企业员工是被动执行的，效果一定大打折扣。

企业文化的确最早发源于公司创始人、领导者或者中流砥柱的变革

者，但是企业文化最终是企业大多数成员所共有的信念和期望的模式。企业创始人的文化素养、价值观和经营哲学对一个企业的文化建设起着十分重要的作用，但绝对不能把企业文化完全等同于企业家文化或老板文化。尤其是在国有企业，企业文化更是不能等同于领导人文化、老板文化。必须让全体员参与企业文化建设，因为企业员工也是企业文化建设的主体。

四、盲目模仿优秀企业的企业文化，缺乏自身个性

搞企业文化建设时，需要提倡、借鉴优秀企业的经验。社会企业都在学习海尔的“赛马不赛马”，都在学习华为“让听得见炮声的人来呼唤炮火”，但学习借鉴不代表着东施效颦，生搬硬套。

创始人的思想深刻地影响到企业文化，创始人的经营哲学和价值观深刻地反映在企业文化里，如日本京瓷的稻盛和夫的经营哲学、松下幸之助的经营哲学和联想柳传志的“拐大弯”的哲学，都是企业创始人价值观在企业经营中的体现。

企业不同，创始人价值观不同、行业不同、风俗文化不同等，都会影响不同的企业文化。企业文化建设绝对有共性的东西，但是毕竟“一个猴一个拴法，一个地方一个风俗”，企业文化讲究个性，适合自己的才是最好的。

五、企业文化就是挂在墙上的标语，就是搞 CIS

企业文化由三层组成：理念层、制度层和物质层。物质层仅仅是企业文化的外在表现形式，并不是企业文化的全部。通过物质文化，来展现企业文化。但展现企业文化的目的是能够使文化能够根植内心，变成员工血液里的东西，同时又能够有统一的外在表现。这种外在表现对强化企业文化的统一性和员工行为很有重要意义。所以，企业文化需要挂在墙上的口号，需要 CIS，但是如果理解为企业文化就是“挂在墙上的口号，就是 CIS”，就太肤浅了，企业文化建设永远是“雾里看花，水中望月”。

六、企业文化就是文化体育活动

企业文化的本质是用统一的价值观来规范员工的行为，把统一企业经营哲学转换为员工的职业操守。企业文化需要宣传，需要仪式感，需要外在的表现，但和挂在墙上的标语一样，企业文化绝对不仅仅是文化体育活动。有许多公司把企业文化建设等同于文化体育活动，一股脑搞出了很多种娱乐活动、文艺演出和体育活动。热热闹闹的文化娱乐活动之后，企业文化不安的心仍然无处存放，一切都感觉到那么的迷茫，只是徒有其表，孤独前行。

第三节　如何建设企业文化

一、企业文化的建设原则

（一）“以人为本”的原则

企业是人的集合体，企业所有的经营都围绕着“以人为中心”。企业和人的关系，不是简单的雇佣和被雇佣的关系，因为人是有感情、有思想的。所以，在企业文化建设中，首先要解决“以人为本”和员工的定位问题。贯彻以人为本，企业必须贯彻以下原则：

1. 以人为本，要尊重人

人人生下来都是平等的，职位上有上下之分，但是灵魂上没有高低贵贱，一律平等。在企业文化中，管理者要从骨子里真心地在人格上尊重每一位员工，无论是自己的下属还是门房老大爷。没有骨子里的对人的尊重，以人为本就是一句废话。

2. 以人为本，要关心人

员工是企业内部的客户，照顾好自己的员工，他会照顾好企业的客户。企业让员工吃亏，员工就一定会让客户吃亏，客户就一定会让企业吃亏！这就是良性循环和恶性循环。关心员工，要多从他的生活、工作和学习开始，企业要多帮助员工解决实际问题，让员工充分感受企业大家庭的温暖。

3. 以人为本，要信任人

信任人是“以人为本”的核心内容。企业内部要建立相互信任的文化，而不是每个人“各怀心腹事，都是不言人。”领导者的作用是带领下属做事，是授权下属做事，但授权一定要建立在下属能力和信任的基础上，两者缺一不可。只有领导对下属充分信任与支持，下属才能调动积极性，最大限度地发挥潜能，职工的积极性才能空前高涨。

4. 平衡好以人为本和以制度为本的关系

企业管理是靠制度，没有规矩不成方圆。制度保障是企业文化落地实施成功的关键。但是，在制定制度和执行制度的过程中，制度不是冷冰冰的，是和对员工的制度培训、理解、支持、执行高度吻合在一起的。在制定制度过程中，要考虑员工的实际情况。在执行制度过程中，要培训讲解。制度是严格的，但是执行是一门艺术。我们在东方传统文化里面，更是讲究“外圆内方”。

（二）“知行合一”的原则

企业文化是企业的经营哲学，要贯彻到每一个员工的思想中，成为员工做事的思考方式。企业文化不是花架子，不是挂在墙上的口号和文化口号。企业文化建设必须“知行合一”，用思想决定行为，要在企业的生产经营中实践企业文化。贯彻“知行合一”，必须做到以下几点：

1. 首先要做到对企业文化的“知”

把企业使命、核心价值观、理念、愿景、行为规范，编辑成明确统一的手册，对企业员工进行强力宣传、教育、考试，让员工学习、熟悉、理解、认同、掌握企业文化有关的内容。这种“知”不仅仅是“知道”，更是心灵的感知和发自内心的认同。良好的沟通网络和企业文化载体是企业文化传播的重要渠道。

2. 其次要做到对企业文化的“行”

员工仅仅是知道了企业文化，但是没有在实践中落实，那么企业文化建设成果就是零。要想实践企业文化，必须在实践中操作和应用。企业必须出台和完善实践企业文化理念的各种配套制度，通过制度的强制性、激励性和惩罚性来规范员工的行为，使企业文化不是空中楼阁和空洞的理论文化。

（三）“领导垂范”的原则

企业文化是企业的经营哲学，很大程度上反映了创始人、领导人和变革者的思想。企业文化的建设和落地更是必须获得领导人的带头执行。村看村，户看户，群众看党员，党员看干部。领导人身体力行是启动企业文化建设的核心，中层管理人员是企业文化落地的一线保证。

如果在建设和执行企业文化过程中，领导干部没有“率先垂范”，而是“说一套、做一套”，那么不出多久，企业文化建设手册就会被束之高阁，蒙满了灰尘。在建设企业文化过程中，领导干部主要起到下列作用：

1. 设计企业使命、愿景、核心价值观的框架；

2. 组织企业“从上到下”和“从下到上”反复讨论，讨论的过程就是学习的过程。

3. 竭心尽力地培训、宣讲企业文化，做企业文化的“传教士”；

4. 带头执行企业文化，做企业文化不折不扣的践行者。说得再多，不如带头实践。

5. 支持用制度来固化、激励或者惩罚员工，保证用制度来贯彻执行企业文化。

（四）“表里一致”的原则

企业文化有理念层、制度层和物质层组成，又分为精神文化、制度文化、行为文化和物质文化，这些文化又要落实到企业和员工的行为中去。企业文化的“三层四化”是一套一脉相承的整体，缺一不可，绝对不可以

“言行不一，形式主义”。文化转化成行为是企业文化建设成败判断的标准，转化过程就是要保证“表里如一”的一致性，不能层层扭曲，层层失真。

（五）“学习借鉴和突出个性”相结合的原则

企业文化是企业在常年经月的生产经营过程中形成的，具有典型企业特色的价值观和经营哲学。这些经营哲学最早受创始人、领导者或变革者的影响，发展过程中又受行业、环境、风俗、员工的影响。企业文化必须要有典型的企业特征。

但企业是经济型组织，它的管理模式、价值创造模式一定有共性，比如“用户就是上帝”“质量就是生命”“以人为本”，等等。所以，在企业文化建设突出个性的同时，一定要借鉴成功企业的经验。

（六）“继承传统与创新”相结合的原则

企业文化一定受传统文化的影响。历史文化传统有三类，第一类是人类所共有的传统文化。第二类是中国或者其他所在国的区域传统文化。第三类是公司历史发展过程中企业所独有的文化。在企业文化建设中，一定要继承这三类文化，尤其是后两类文化。

但时代在发展，企业对于企业文化的认知也在与时俱进。企业文化的建设也要对传统文化进行借鉴和创新，尤其是在国际化过程中，更是要审时度势，关注国外先进的企业文化。

二、如何描述企业使命

按照管理学定义，企业使命是指企业在社会经济发展中所应担当的角色和责任，是指企业的根本性质和存在的理由，说明企业的经营领域、经营思想，为企业目标的确立与战略的制定提供依据。

通俗地讲，企业使命又称为企业宗旨，描述“企业为什么成立”，解释“企业为什么活着”，是企业存在的根本理由和终极意义。企业使命应该包含以下的含义：

（一）企业使命实际上就是企业存在的原因或者理由，是企业生存的目的

华为公司的愿景是“丰富人们的沟通和生活。”为了实现这个美好愿景，华为公司承担了两项使命：①华为的追求是实现客户的梦想。②聚焦客户关注的挑战和压力，提供有竞争力的通信解决方案和服务，持续为客户创造最大价值。

随着华为服务范围的增加、技术改善和行业变化，2017 年华为公司将愿景调整为“华为立志：把数字世界带入每个人、每个家庭、每个组织，构建万物互联的智能世界。”任正非提出，“把数字世界带入每个人、每个家庭、每个组织，本身就是以客户为中心”；华为要“以数字世界面向客户，用数字技术使能数字世界进入人们的生活和工作”，做“数字世界与智能世界中间的桥梁”“连通万物的黑土地，推动智能世界的到来，将现在和未来连接起来”。

（二）企业使命为企业确立了一个经营的基本指导思想、原则、方向、经营哲学等

企业使命回答了“企业为什么成立”，企业核心价值观回答的是“企业如何活着”。两者相互关联，一脉相承。企业使命让我们明白企业活着的目的就是“处理好市场、客户、产品品质、员工、竞争对手、社会责任”等一系列问题。

（三）企业使命的出发点和归宿都是为了满足客户的需求

企业使命千差万别，例如，耐克公司的企业使命：用我们的产品和服务丰富大众生活，并以此使股东价值最大化。飞利浦的企业使命：①使客户感到满意；②成功履行承诺；③相互依存。三星电子的企业使命：为人类社会做贡献。

但是无论如何变化，企业使命出发点和归宿都是“通过满足客户的需要，成就客户，最终成就自己，完成公司使命”。企业使命的落脚点一定落在客户身上，思考一下你的企业正致力于为谁做什么事？帮助他们解决什么问题？你服务的对象谁？你卖的是你的产品吗？

三、如何提炼企业核心价值观

企业使命是回答“企业为什么成立”，而核心价值观是回答“企业怎么干”，是企业文化核心层（理念层）的核心，是扎根于员工内心深处的核心信念，是企业和每一位员工都要遵守的价值理念，更是企业和员工面向未来的共同承诺。企业文化的建设必须紧紧围绕理念层这一核心展开。核心价值观抓住了、抓准了，企业文化建设就有了成功的基础。

对核心价值观可以用下面几点来描述：

（一）核心价值观是完成企业使命所必需崇尚的基本信念、理想

华为的“成就客户，艰苦奋斗，自我批判，开放进取，至诚守信，团队合作”；同仁堂的“同修仁德，济世养生”以及“炮制虽繁必不敢省人工，品味虽贵必不敢减物力”等等，都是企业完成使命所必需崇尚的基本信念和理想。

（二）核心价值观是企业对“经营所需要的共性信念”进行的重要性排序

不同的企业，不同的战略选择，不同的实现途径，对企业经营所需要的共性理念，按照重要性就有了不同的排序。有的企业认为客户最重要，有的企业认为诚信最重要。下面看一下华为公司为什么把成就客户放在第一位。

“为客户服务是华为存在的唯一理由，客户需求是华为发展的原动力。我们坚持以客户为中心，快速响应客户需求，持续为客户创造长期价值进而成就客户。为客户提供有效服务，是我们工作的方向和价值评价的标尺，成就客户就是成就我们自己。”

（三）核心价值观是企业对待利益相关者、经营理念的态度

任何企业对利益相关者和经营理念都有一个基本的态度，其中最重要

的是如何对待市场，如何对待客户，如何对待产品品质，如何对待员工，如何对待竞争对手，如何对待社会责任，如何对待诚信道德，等等。这种对待利益相关者的态度就是企业的核心价值观。

案例分析

华为的核心价值观

下面分析华为的核心价值观——“成就客户，艰苦奋斗，自我批判，开放进取，至诚守信，团队合作”。

1. 对待客户：成就客户

为客户服务是华为存在的唯一理由，客户需求是华为发展的原动力。华为坚持以客户为中心，快速响应客户需求，持续为客户创造长期价值进而成就客户。为客户提供有效服务，是华为工作的方向和价值评价的标尺，成就客户就是成就华为自己。客户不仅仅是消费者，也包括企业内部员工、供应商、政府、社会，等等。

2. 对待成功的方式：艰苦奋斗

华为没有任何稀缺的资源可以依赖，唯有艰苦奋斗才能赢得客户的尊重与信赖。奋斗体现在为客户创造价值的任何微小活动中，也包括在劳动的准备过程中为充实提高自己而做的努力。华为坚持以奋斗者为本，使奋斗者得到合理的回报。

3. 对待公司和员工自己：自我批判

自我批判的目的是不断进步，不断改进，而不是自我否定。只有坚持自我批判，才能倾听、扬弃和持续超越，才能更容易尊重他人和与他人合作，实现客户、公司、团队和个人的共同发展。

4. 对待创新和改善：开放进取

为了更好地满足客户需求，华为积极进取、勇于开拓，坚持开放与创新。任何先进的技术、产品、解决方案和业务管理，只有转化为商业成功才能产生价值。华为坚持客户需求导向，并围绕客户需求持续创新。

5. 对待诚信：至诚至信

华为只有内心坦荡诚恳，才能言出必行，信守承诺。诚信是华为最重要的无形资产，华为坚持以诚信赢得客户。

6. 对待团队：团队合作

"胜则举杯相庆，败则拼死相救"，团队合作不仅是跨文化的群体协作精神，也是打破部门墙、提升流程效率的有力保障。

第四节　集团公司企业文化管控

一、企业文化管控的建设内容和管控成果输出

在集团管控中，集团公司对外公布一套"鲜明、统一、适合、实用"企业文化体系，来培养、塑造、整合全集团文化。企业文化由精神文化、制度文化、行为文化和物质文化四个部分组成，所以，企业文化管控也应该从这四部分展开，并输出管控成果。

（一）精神文化管控

通过一整套《企业使命、愿景、价值观、企业文化手册》，从文字上统一、固化企业的精神文化，统一成员企业的核心价值观和工作方式，二级事业部和子公司的企业文化必须与集团的核心价值观保持高度一致。期间，会有企业根据行业、产业、地域、国家的不同而进行微调，但是必须是在大的集团价值观下的微调和创新，而不是推倒重来，更不能有任何相悖之处。

（二）制度文化+行为文化管控

思想决定行为，在核心价值观的统一下，集团公司要统一二级事业部和子公司的行为规范，包括"企业集体行为规范和员工个体行为"。企业集体行为规范用制度的形式固定下来，最终形成"企业宪法"，比如著名

的《华为基本法》《华侨城宪章》等。企业对员工个体的行为规范也用制度固定下来，就形成了《员工行为规范手册》。

（三）物质文化管控

企业物质文化：以外在物质形态为主要表现形式的表层企业文化，是企业核心价值观的外在体现。企业文化是通过 CI 形象手册、公司标志（企业色、LOGO、司旗、司歌）、经营意识（重视产品的开发、服务的质量、产品的信誉、产品质量态度）、办公环境（办公大楼、企业整体装修风格、办公风格）、生产环境（机器设备、生产车间布局、生产线布置）、生活环境（厂区面貌、生活区面貌等）、文化设施、员工共同爱好（万科的长跑）等物质现象来体现的。

案例分析

集团公司企业文化建设实施步骤

建设顺序	工作内容	关键事件	备注
1	成立集团公司企业文化建设实施委员会	成立建设实施委员会；企业最高领导人（董事长或总裁或党委书记）担任建设实施委员会主任；	1. 要召开正式的成立仪式，大张旗鼓的宣传；2. 营造良好地企业文化变革氛围；3. 领导人身体力行是启动文化的关键；
2	理念层（核心层）的梳理、讨论、定稿输出	挖掘企业使命、愿景、核心价值观、企业精神，形成企业文化大纲，供讨论；	1. 挖掘参考创始人、领导人、变革者的经营哲学与人生观；2. “自上而下＋自下而上”双向讨论；3. 讨论的过程就是“统一思想，培训宣讲”的过程；
		大纲定稿并打印输出；	
		继续细化形成公司整体的企业文化框架，包括使命、愿景和价值观的诠释；	
		形成《企业文化手册》定稿，并打印输出；	
3	召开文化建设实施动员大会	正式启动企业文化推行工作，动员全员参与；	正式进入第二阶段。委员会划分为若干关键小组；

续表

建设顺序	工作内容	关键事件	备注
4	制度层建设	员工手册内容的形成、定稿及印刷； CIS手册定稿、打印输出； 公司文化墙、展板等企业识别系统的设计制作及内容的更换；	员工手册包括企业行为规范、企业人际关系的规范、企业公关策划及规范服务行为规范等内容；制度保障是文化成功的关键；
5	物质层建设+行为层建设	企业文化手册、员工手册的发放； 企业文化手册、员工手册的讲解、培训、活动、宣传； CIS手册的实施； 企业文化核心价值观为核心的行为规范考核；	企业文化试点推行、整改；良好的沟通网络是文化传播的重要渠道；文化转化为行为是成败判断的标准；
6	阶段总结	总结企业文化试点推行经验、教训，及时纠偏； 考核员工理解、认同、接收的情况； 总结价值观考核的效果；	属于典型的PDCA循环；一定要遵循“先试点，再推行”的原则
7	全面推行实施	流程固化、全面实施、定期总结、升级改善	

第五节　党的领导在国有集团公司企业文化建设中的作用

在国有独资和控股企业中加强企业文化建议，必须考虑另外一个重要决定因素，那就是党的领导。在企业文化建设中，必须发挥党的领导作用，把党建工作和企业文化建设融为一体。

在国有企业文化建设中，如何发挥党的领导作用？

一、引导企业文化建设方向

在国有企业文化建设中，党必须牢牢把握企业文化建设的方向，尤其是在企业价值观的提炼过程中，党的领导作用更是重中之重。党的根本宗旨是全心全意为人民服务，所以在国有企业核心价值观中，首要的价值观就是为了人民的利益和国家的利益。当人民利益、国家利益和企业利益发生矛盾的时候，首先要保证人民的利益。国有企业首先强调的是国有，是人民和国家的利益，是社会属性；其次才是企业，是经济组织，是它的经济属性。十八大以来，国有企业承担完成的一大批国家重大专项成果已成为国家名片，充分彰显了国家力量，体现了大国重器的责任担当；带头抗击重大自然灾害、推进脱贫攻坚、参与民生工程建设。所以，在国有企业文化建设中，必须围绕党的全心全意为人民服务这个根本宗旨，来设计、提炼国有企业的核心价值观，确保其能够沿着正确的方向发展。

二、提高员工重视程度

由于党委是国有企业里的最高领导权力机构，如果党委对企业文化建设的领导、支持和高度参与，各部门和员工对企业文化建设会更加重视。党的领导会提高各部门对企业文化建设的支持度、参与度和认同度，更容易形成多部门共同参与文化建设的合力。

三、宣传企业文化，构建和谐环境

通过党委宣传部的重视和宣传，能够为企业文化的宣传，搭建更好的平台，能够对企业先进文化提供服务，宣传和弘扬企业文化。

党建工作坚持“群众路线、以人为本”。党群工作部从员工的切身利益出发，提供相应的诉求、维权渠道，营造出一个和谐的发展环境，提高员工对企业文化的满意度。通过党群工作部、工会、团委、妇联等一系列组织，搭建企业援助平台和内部员工互助平台，使得企业对员工和员工内部实现互帮互助，提升企业的凝聚力，创造良好的内部人文环境与和谐的文化环境。

四、规范员工思想道德

企业文化的作用是"由表及里"地改变员工行为方式、道德规范、思考方式和价值观。在新时代，国有企业党建工作落脚点是规范和引导员工职业道德，继承和发扬优秀社会风尚，促进企业文化形象的健康发展，引导员工恪守企业道德标准和社会道德规范。通过党的引导作用，在企业文化中增加社会因素，增加员工的社会责任感，扩大企业文化的内涵和外延。

附 录

本书各章思维导图

第一章　一大趋势：企业集团越来越需要管控

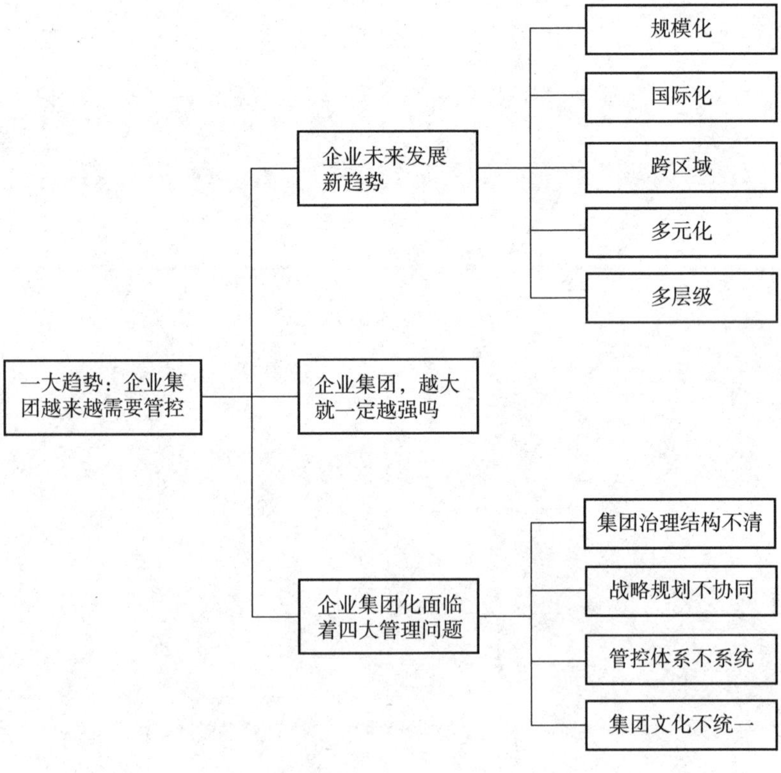

第二章　集团管控两大本质和一大目的

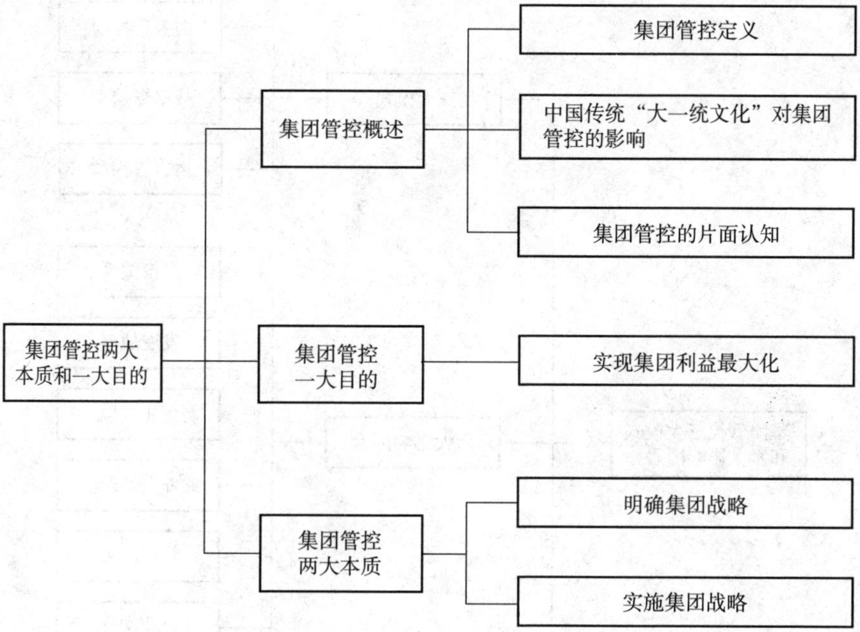

第三章　集团管控三大模式和六大影响因素

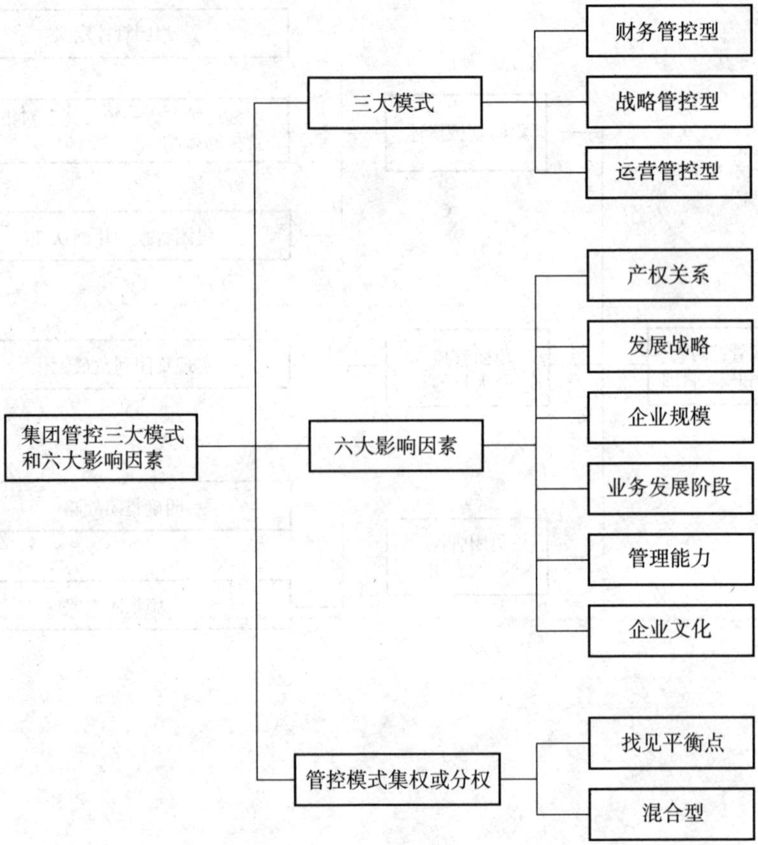

第四章　管控体系“5D+1C”模型

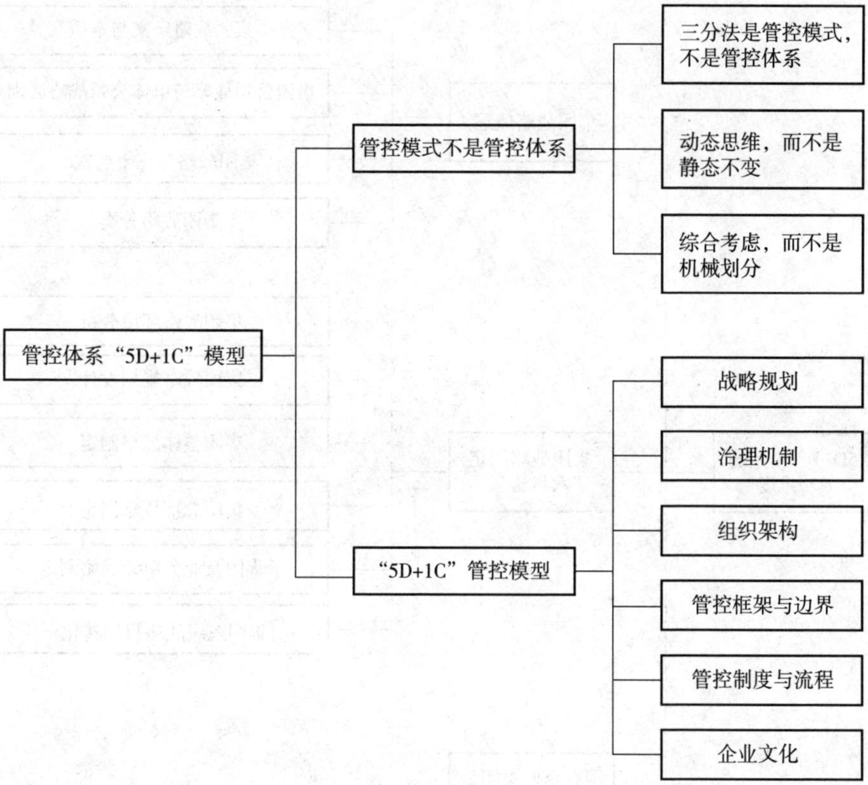

第五章 “5D＋1C”模型的战略维度

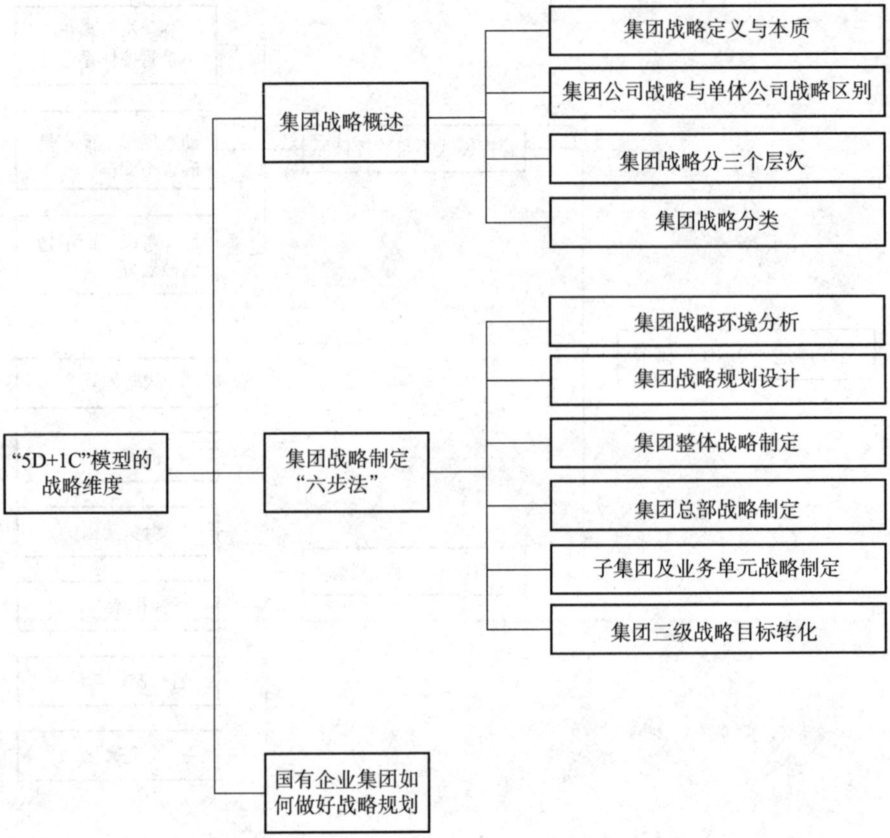

第六章　“5D+1C”模型的集团治理机制

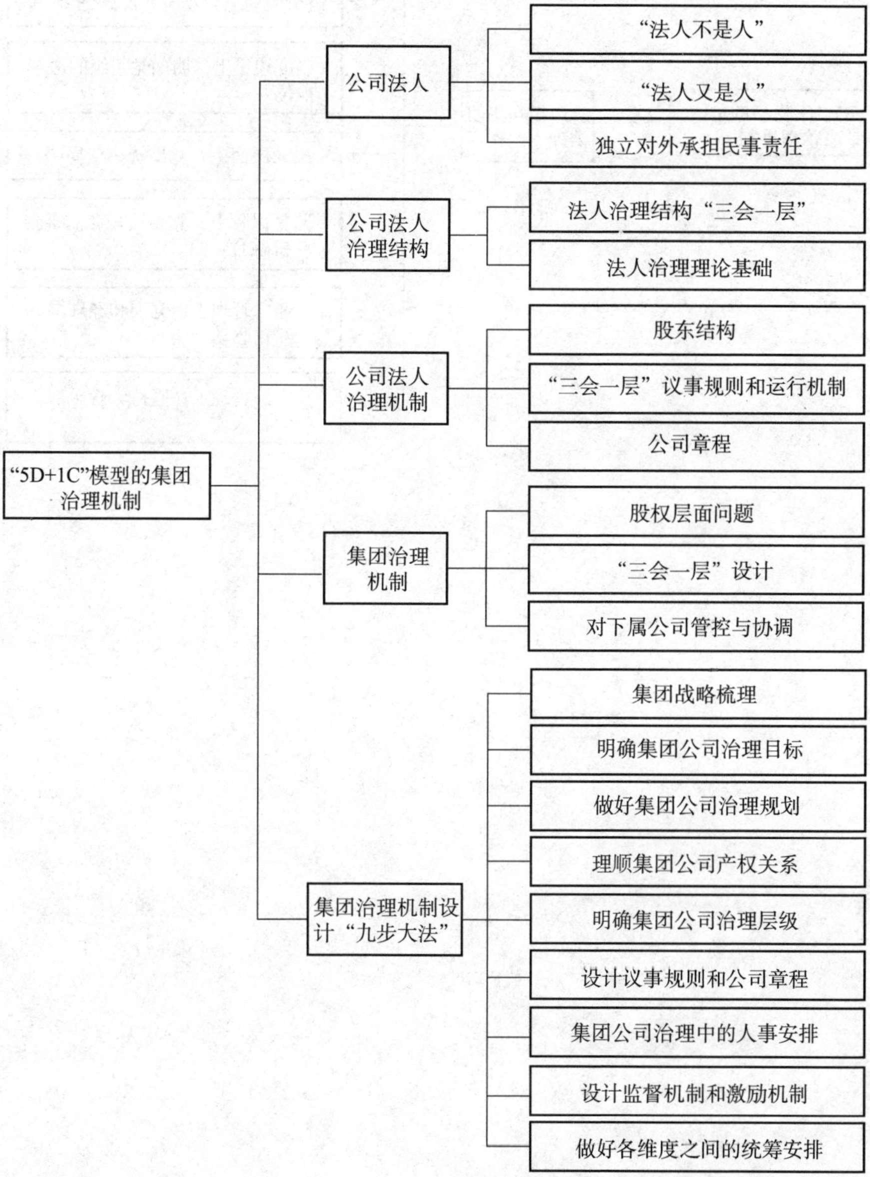

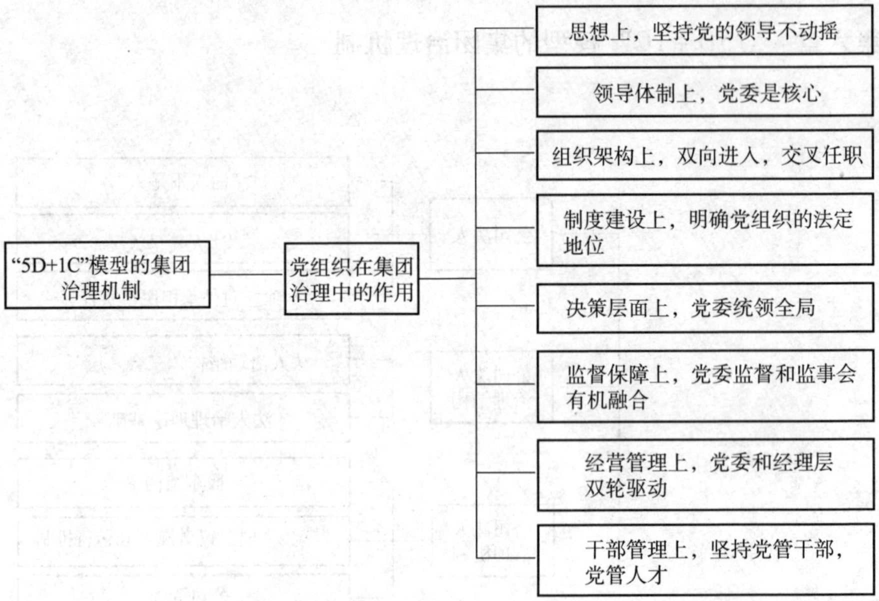
“5D+1C”模型的集团治理机制
党组织在集团治理中的作用
思想上，坚持党的领导不动摇
领导体制上，党委是核心
组织架构上，双向进入，交叉任职
制度建设上，明确党组织的法定地位
决策层面上，党委统领全局
监督保障上，党委监督和监事会有机融合
经营管理上，党委和经理层双轮驱动
干部管理上，坚持党管干部，党管人才

第七章　“5D+1C”模型的集团组织架构

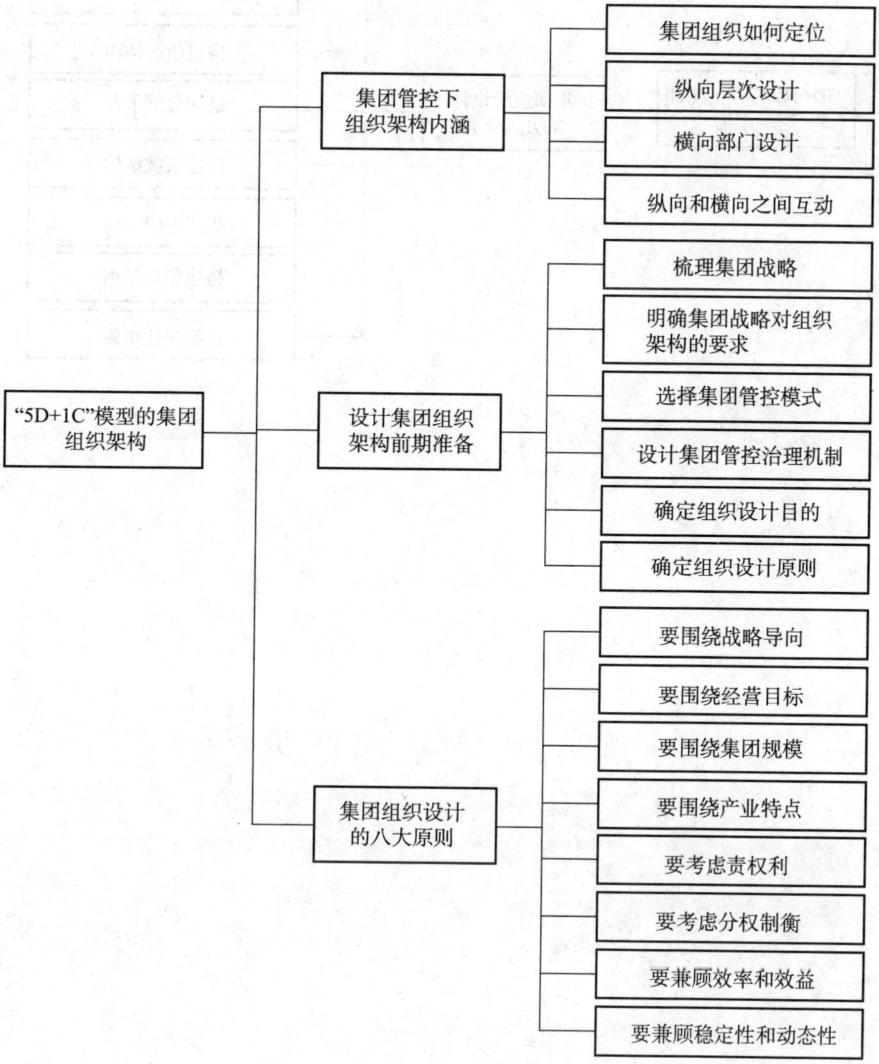

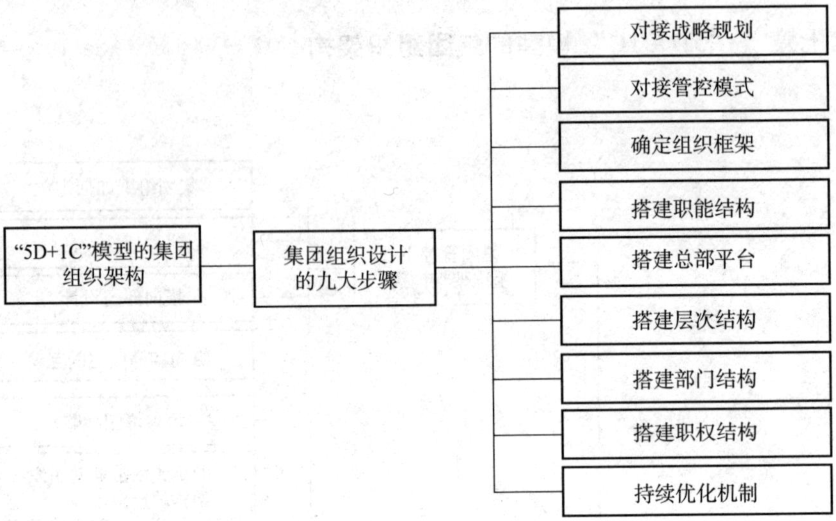
"5D+1C"模型的集团组织架构
集团组织设计的九大步骤
对接战略规划
对接管控模式
确定组织框架
搭建职能结构
搭建总部平台
搭建层次结构
搭建部门结构
搭建职权结构
持续优化机制

第八章 “5D+1C”模型的管控框架与边界

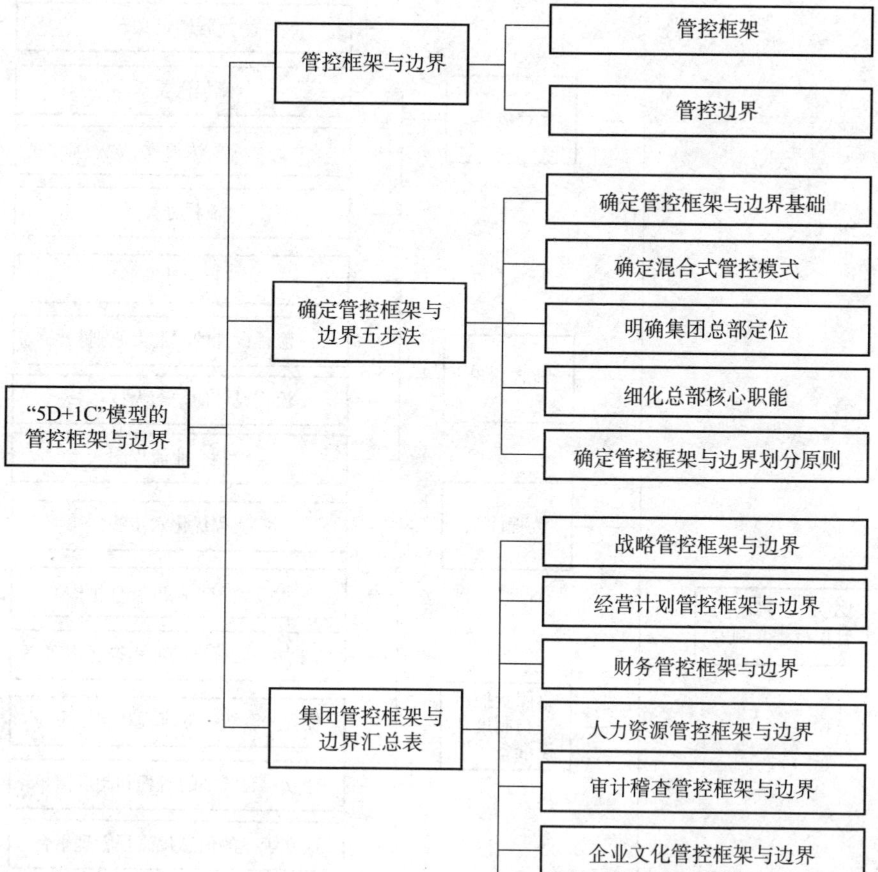

第九章 “5D＋1C”模型的管控流程与制度

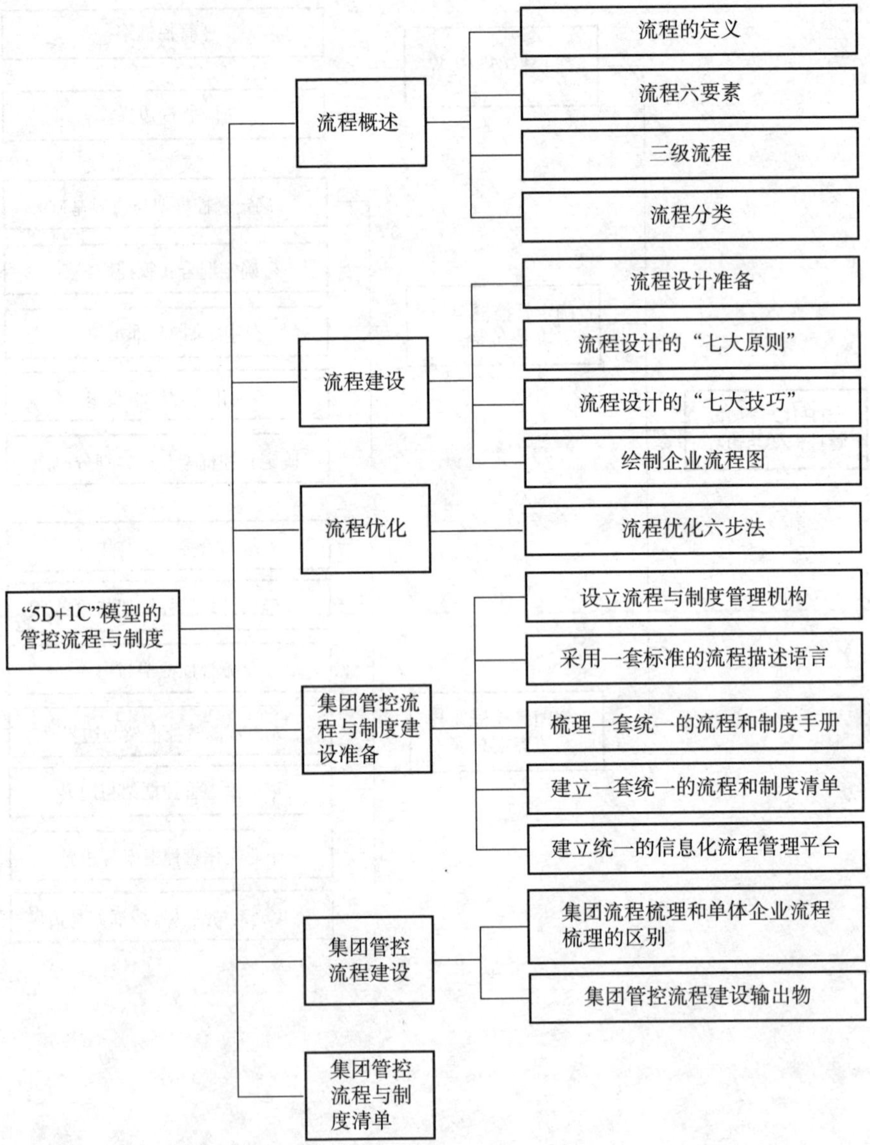

第十章 “5D+1C”模型的企业文化

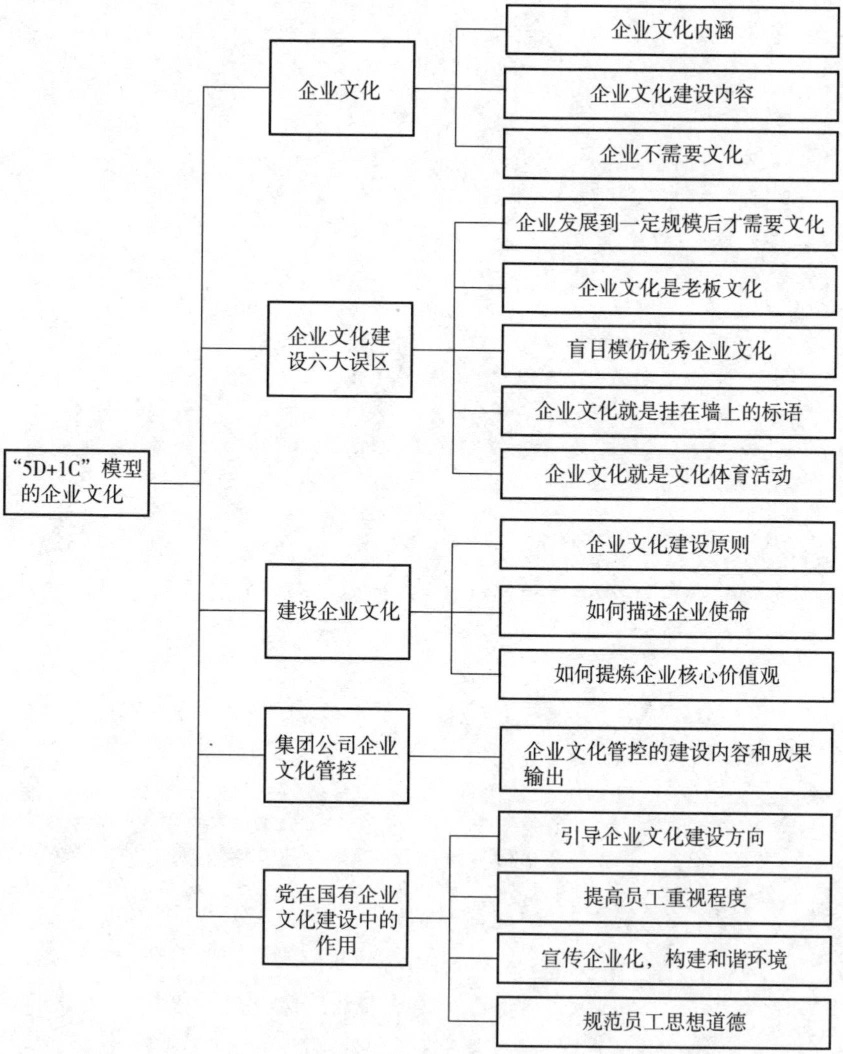